人生に必要な年金の常識

頼藤太希

マイナビ新書

はじめに─年収443万円の人がもらえる年金は月14万円─

国税庁「民間給与実態統計調査（令和3年分）」によると、2021年の日本人の平均年収は443万円となっています。生涯の平均年収が443万円（賞与なし）と仮定した場合、毎月の給与の支給額は36・9万円（標準報酬月額は36万円）になります。

平均年収の方が23歳から60歳までの38年間厚生年金に加入した場合、65歳からもらえる年金額は、年169・5万円（うち国民年金79・5万円［2023年度67歳以下満額］）となる計算です。月額に換算すると、約14万円です。

年金は、生涯にわたってもらえます。「死ぬまで月14万円がもらえる」ことはありがたいですが、毎月14万円だけで暮らすのは難しいとほとんどの方が思うことでしょう。持ち家で住居費がかからないならまだなんとかなるかもしれません。それでも、支出は削減して、質素に暮らす必要があります。

賃貸住まいなら、郊外に住居を移し、住居費の削減が欠かせないでしょう。暮らしも質素なものになってしまいます。思いっきり節約して「年金だけで暮らせ」と言われれば、暮らせるかもしれません。しかし、病気や介護に備えるためのお金は別途必要になることは忘れてはいけません。

現役時代は汗水垂らして働き、税金・社会保険料をせっせと納めてきた人がほとんどでしょう。しかし、それでも老後の年金額から見える現実は明るくありません。「我慢するような老後の生活はしたくない」「豊かな老後を送りたい」という人がほとんどではないでしょうか。

本書は、そんな人に**「月14万円で質素に暮らしていこう」と説く本ではありません。今からできる年金の増やし方、年金のお得な受け取り方を知った上で、後悔しない年金戦略を立てるための本**です。

第1章では、年金制度のそもそもの仕組みや考え方、自分がもらえる年金額を確認する方法、国民年金保険料の支払いといった、年金制度の基本的なポイントを解説します。

第2章では、「年金はいつからもらうのが正解なのか」をテーマに、年金にかかる税金や年金の繰り上げ・繰り下げ、年金はいつからもらうのが正解なのかの考え方やシミュレーションを例示していきます。

第3章では、定年後の生活費や病気・介護にかかる費用、そして足りない分を補うためにできることを紹介します。

第4章では、複雑な公的年金制度でミスや誤りがあったり、もらえるお金がもらえなかったりすることを防ぐための注意ポイントを確認します。

第5章では、ＮＩＳＡ《ニーサ》やｉＤｅＣｏ《イデコ》といった資産形成に役立つ制度を活用して年金の上乗せを上手に用意していくことを考えます。

本書を読んで1人でも多くの方が年金の常識を知り、後悔しない老後を迎えられれば、著者としてこれ以上嬉しいことはありません。

頼藤太希

人生に必要な年金の常識

目次

はじめに―年収４４３万円の人がもらえる年金は月14万円― 3

第1章　年金制度ってそもそもなに？

年金制度ができたのは意外と最近 14
年金は「貯金」という誤解 17
年金の全体像を見てみよう 23
年金額はどう決まる？「年金不安」の正体 30
国民年金・厚生年金、みんないくらもらっているの？ 35
もらえる年金額を公的年金シミュレーターで確認しよう 38
正確な年金額はねんきん定期便・ねんきんネットで確認 42
年金には「障害年金」「遺族年金」もある 51
国民年金保険料が払えない場合はどうする？ 57
国民年金保険料の支払いが40年に満たない場合はどうする？ 60

国民年金保険料を払っていないとどうなる？ 63
生きていけるかもしれないが……豊かな暮らしはできない！ 65

第2章 ズバリ！ 年金はいつからもらうのが正解なのか！

年金が多いほど税金・社会保険料が増えていく 70
年金は繰り下げ受給のほうが得だが…… 73
繰り上げ受給を選ばないほうがいい理由 79
年金はいつからもらうのが正解？ ①「会社員・公務員かつ独身」の場合 86
年金はいつからもらうのが正解？ ②「会社員・公務員かつ共働き」の場合 89
年金はいつからもらうのが正解？ ③「会社員・公務員＋専業主婦（夫）」の場合 93
年金はいつからもらうのが正解？ ④「自営業」「専業主婦（夫）」の場合 97
自営業・フリーランスをカバーする私的年金、退職金制度 102

第3章　やはり足りない！　足りない分はどうするの？

定年後に必要なお金を試算してみよう　112
家計の状態をバランスシートで確認しよう　118
病気と介護にかかるお金はまず公的制度を活用　121
「高額療養費制度」で自己負担を減らす　124
「高額介護（予防）サービス費」「高額医療・高額介護合算療養費制度」で自己負担をさらに減らす　128
家族の「世帯分離」で介護保険サービスの自己負担額を減らす　131
足りない分は「貯金」「労働」「投資」でカバーする　134
意外と働き続けることはできるが……　138

第4章　公的年金の注意ポイント

ねんきん定期便が間違っていないか必ず確認しよう　150

「役職定年」で年収が減った場合、年金はどうなる？　152
企業年金・確定拠出型年金は自分で請求手続きが必要　155
年金は働きながらもらう場合、金額が減る可能性がある　158
年の差夫婦は、「加給年金」と「振替加算」がもらえる場合がある　162
年金は自動的に振り込まれるわけではない　169
離婚時の年金分割は〝年金が半分もらえる〟わけではない　173
遺族年金は、受け取り方によって大きく損をする場合がある　178
年金受給者で確定申告をしたほうがいい人　184

第5章　私的年金を用意しよう〈NISA・iDeCo〉

キーワードは「長期」「積立」「分散」「低コスト」「非課税」　198
投資の利益が非課税になるNISA　203
現行NISAから「統合NISA」へ　206

節税しながら老後資金を貯める最強の制度「iDeCo」 212
iDeCoでもらえる3種類の給付金（老齢給付金・障害給付金・死亡一時金） 218
NISA・iDeCoおすすめ金融機関 222
NISA・iDeCoおすすめ商品 228
会社員・公務員のiDeCoのおトクな「受け取り方」 233
フリーランスのiDeCoのおトクな「受け取り方」 242
おわりに―お金は使える時に使うという視点も大事― 250

第1章

年金制度ってそもそもなに?

年金制度ができたのは意外と最近

日本でもっとも古い年金制度は、1875年（明治8年）に創設された恩給制度です。佐賀県下の士族が中心となって起こした「佐賀の乱」や、日本が台湾に攻め込んだ「台湾出兵」で任に当たった陸軍や海軍の軍人が退職・死亡したとき、その後の生活の支えとして本人や遺族にお金が支払われました。

恩給制度はその後対象が徐々に拡大し、国のために働く公務員の年金制度の役割を果たします。そして、1959年（昭和34年）に施行された「国家公務員共済組合法」によって公務員の年金制度は恩給制度から共済年金制度に移行します。

一方、民間人の年金制度が誕生したのは1942年（昭和17年）のこと。「労働者年金保険法」が制定され、工場で働く男子労働者に対して年金が支払われるようになります。労働者年金保険法は1944年（昭和19年）に「厚生年金保険法」に改称され、女子労働者も対象となりました。これが厚生年金のはじまりです。

国民年金保険が誕生するのは、1961年（昭和36年）です。当時、公務員や会社員には厚生年金がありましたが、自営業者や農業従事者には年金制度がありませんでした。戦後の復興が進む中で、将来の高齢化社会を見据えて、全国民を対象にした年金が求められるようになりました。これを受けて、国民年金保険が誕生したのです。

当初は、20歳から59歳までの日本国民で、厚生年金や共済年金の対象にならない人が加入（厚生年金・共済年金に加入している人の配偶者や学生は任意）し、保険料を納めることで老後に年金がもらえる制度でした。「国民皆年金」のはじまりです。

以後、高度経済成長の中で年金の給付水準は徐々に引き上げられたものの、高度経済成長から安定成長に移行し、高齢化が進む中で、公的年金制度を維持していくために見直しが必要だとわかりました。

1985年（昭和60年）には、全国民共通の基礎年金を導入し、いわゆる「1階部分」が国民年金（基礎年金）、「2階部分」が厚生年金・共済年金という形ができあがります。そして1986年（昭和61年）には専業主婦、1991年（平成3年）には学生も国民年金への加入が義務となりました。また、２０１５年（平成27年）には、厚生年金と共済年金が一元化し、厚生年金に統一されました。

　細かい改正はたくさんあるものの、これでほぼ現在の年金制度の形にたどり着きます。こう見てみると、**今の形の年金制度ができたのは意外と最近**だとわかります。

　なお、年金は当初「積立方式」といって、将来の給付に必要な原資をあらかじめ保険料で積み立てていく方式をとっていました。のちに厚生年金となる労働者年金も、国民年金も、最初は積立方式でした。しかし、インフレの影響で支給する財源が不足すると、１９６６年（昭和39年）の年金改正では、積立方式を基本としつつ経済や人口などの状況に合わせて保険料を決める「修正積立方式」が導入されました。

　さらに１９７３年（昭和48年）、国民年金・厚生年金の保険料に物価スライド制（物価の変動に合わせて年金の給付額を改定する制度）が導入されてからは、保険料の積立金だけで不足する財源を現役世代の保険料で都度まかなう「賦《ふ》課《か》方式《ほうしき》」が徐々に取り入れられてきました。

今の日本の公的年金は「賦課方式」を基本にしつつも、積立金を運用して増やすことで将来の年金の不足分を補うことを目指しています。

年金は「貯金」という誤解

日本の公的年金には、大きく分けて国民年金と厚生年金の2つがあります。国民年金保険料や厚生年金保険料を支払う以上、将来いくら年金がもらえるか、元は取れるのかということが気になる人も多いでしょう。中には将来年金がもらえなくなると悲観して「これまで納めた年金保険料を返して欲しい」「年金はどうせもらえないんだから、自分で運用して老後に備えたい」などという人もいます。

しかし、**年金は「貯金」ではなく「保険」**です。厚生年金は正確には「厚生年金保険」といいますし、毎月納めるお金も「国民年金保険料」「厚生年金保険料」ですから、保険だとわかるのですが、それだけではありません。

前項で紹介したとおり、年金制度は「賦課方式」で成り立っています。**賦課方式とは、現在の現役世代が納めた保険料を都度、現在の高齢者の年金として支払う方式**です。現在の現役世代が老後を迎えたときの年金は、将来の現役世代の保険料でまかなわれます。いわば「世代間の助け合い」の仕組みで年金制度が運営されているのです。

もしも、自分たちの納めた年金保険料を将来自分がもらう「積立方式」ならば、年金は貯金だといえるかもしれません。しかし、そうはなっていません。積立方式では急激なインフレや給与水準の上昇があると、積み立てておいたお金の価値が大きく減ってしまうからです。こうなると、高齢者の生活を支える年金制度の役割が果たせなくなってしまう可能性があります。

その点、賦課方式は経済の変動に強く、そのときの物価や所得水準に応じた年金の価値を維持することができます。そのため、日本の年金制度は賦課方式を基本にしているのです。日本に限らず、多くの先進国でもかつては積立方式でしたが、のちに賦課方式に移行しています。

もっとも、賦課方式でも少子高齢化が進むと、年金の給付に必要な額を現役世代か

賦課方式と積立方式の違い

	賦課方式	積立方式
仕組み	年金の財源をそのとき（現役世代）の保険料収入から用意する方式	将来自分が受け取る年金の財源を現役の間に積み立てていく方式
メリット	そのときの現役世代の保険料が年金の原資となるため、インフレや給与水準の変化に対応しやすい（価値が目減りしにくい）	積立金を元手に運用して、運用収入を活用できる
デメリット	少子高齢化（高齢者比率の上昇）が起こると保険料が増えたり年金を減らしたりする必要がある（現役世代の負担増）	インフレで価値が目減りしたり、運用環境が悪くなったりすると、年金を減らす必要がある

（株）Money&You作成

らの保険料収入だけでまかなえなくなる可能性があります。

日本は2023年時点で、2・1人の現役世代で1人の高齢者を支える国になっています。これが2065年では「1・3人で1人」の高齢者を支える時代になると予測されています。**年金制度が崩壊することはありませんが、継続するためには、もらえる年金額を少なくしたり、長寿化に合わせて受給開始年齢を遅くしたりするかもしれません。**

なお、日本の年金制度では、現役世

積立金の役割

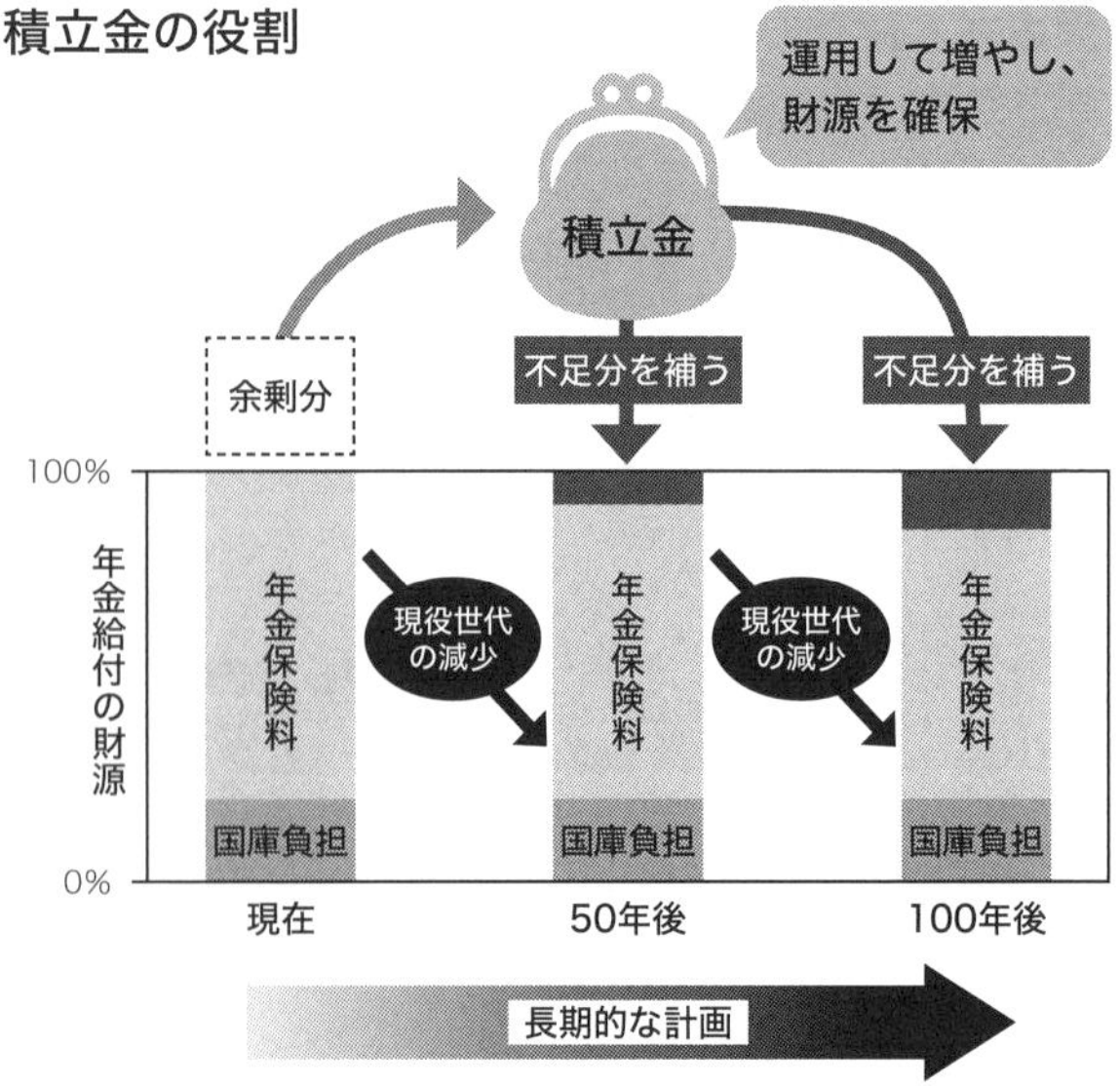

出所：GPIFのWebサイト

代が納めた年金保険料のうち、年金の支払いに充てていない余剰分を「年金積立金」として積み立てています。GPIF（年金積立金管理運用独立行政法人）という組織が年金積立金を運用して増やし、人口減少・少子高齢化の影響を軽減するようにしています。

現役世代が減少すると、年金保険料は徐々に減り、年金給付の財源が不足します。その不足分に年金積立金を活用し、不足分を補います。年金給付の財源

（概ね100年間の平均）は、その年の保険料収入と国庫負担で9割程度がまかなわれており、積立金から充てられる財源は1割程度です。**年金給付に必要な積立金は充分に保有しており、積立金の運用に伴う短期的な市場変動は年金給付に影響を与えません。**

しかし、年金は「貯金」ではないのはわかったとして、なぜ「保険」なのでしょうか。

保険は、将来起こるかもしれないことに対して、みんなでお金を出し合って備える制度です。たとえば民間の生命保険は万が一亡くなった場合に備えるものですし、火災保険は住宅が火事などの被害にあった場合に備えるものです。また公的な健康保険はケガや病気になったときに備えるものです。

では、**年金は何に備える保険かというと、「長生き」**です。

日本人の平均寿命は男性が81・47歳、女性が87・57歳（厚生労働省「簡易生命表（２０２１年）」）。平均寿命は延び続けています。女性の半数が90歳、男性の半数が85歳まで生きますし、今後さらに平均寿命が延びていくと考えられます。

しかし、いつまでも働ける人はいませんし、働けなくなったときに収入が途絶えてしまったら、生きていくことはできません。長生きは本来喜ばしいことですが、お金の面ではリスクなのです。

このリスクに備えるのが年金の「保険」としての大切な役割です。老齢年金は、本人が亡くなるまでずっともらうことができる、老後の収入の大きな柱となります。

また、後述しますが、年金には老齢年金の他に、年金に加入している人が障害を負ったときにもらえる「障害年金」や、年金に加入している人が亡くなったときに遺族がもらえる「遺族年金」もあります。年金は、障害や死亡にも備えることのできる保険、というわけです。

現役時代に年金保険料を支払い、**年金という名の保険に加入することで、長生きのリスク、障害のリスク、死亡のリスクの3つに備えられる**ことを覚えておきましょう。

年金の全体像を見てみよう

日本の年金の制度には、大きく分けて「公的年金」と「私的年金」の2つがあります。公的年金は国が運営する年金制度で、対象者は全員加入します。対する私的年金は、公的年金に上乗せして個人や企業が加入できる年金制度です。

どの年金制度に加入できるかは、国民年金の被保険者の種類によって違います。具体的には、

・第1号被保険者…個人事業主・フリーランス・学生　など
・第2号被保険者…会社員・公務員　など
・第3号被保険者…第2号被保険者に扶養されている配偶者（専業主婦（夫））など

このどれに該当するかによって変わります。

国が運営する公的年金には、国民年金と厚生年金があります。

国民年金は、20歳から60歳までのすべての人が加入する年金です。20〜60歳までの40年間にわたって所定の国民年金保険料を支払えば、原則65歳から、誰もが満額の年

金をもらうことができます。２０２３年度の国民年金の満額は、67歳以下が月額６万６２５０円（年79万５０００円）、68歳以上が月額６万６０５０円（年79万２６００円）です。

対する厚生年金は、会社員や公務員といった、国民年金の第2号被保険者が加入する年金です。厚生年金保険料は、毎月の給与から天引きで支払っています。もらえる厚生年金の金額は、年収や厚生年金保険の加入年数により変わります。なお、会社員や公務員の厚生年金保険料には、国民年金保険料が含まれているため、会社員や公務員は老後に国民年金と厚生年金の両方がもらえます。また、国民年金からもらえる老齢年金を「老齢基礎年金」、厚生年金からもらえる老齢年金を「老齢厚生年金」と呼びます。

一方、公的年金の上乗せ部分を用意する私的年金には、たくさんの種類があります。公的年金は法律で加入が義務づけられているのに対し、私的年金は企業や個人が将来の年金額を増やすために任意で加入します。

日本の主な年金制度

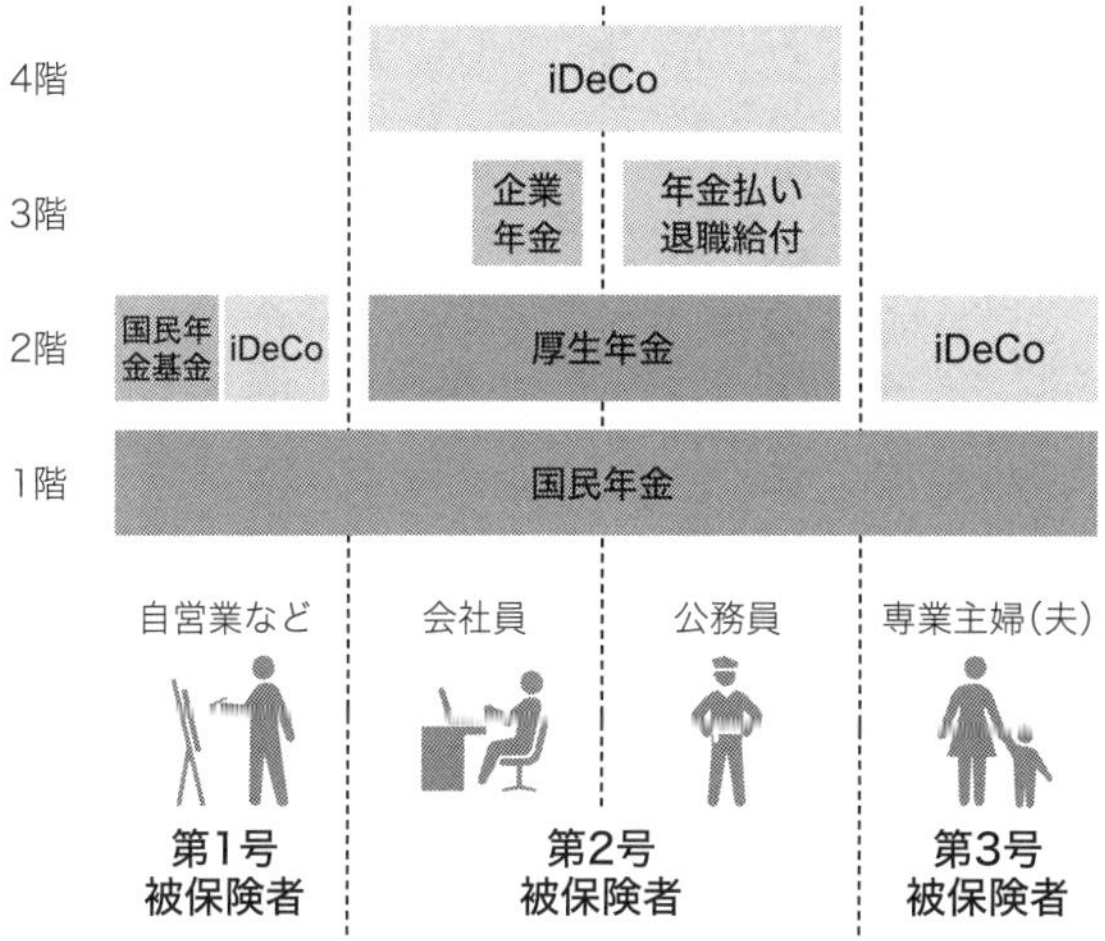

(株)Money&You作成

国民年金と厚生年金

	国民年金	厚生年金
加入者	第 1 号・第 3 号被保険者 [第1号] 個人事業主・フリーランスなど [第 3 号] 第 2 号被保険者に扶養される配偶者	第 2 号被保険者 会社員・公務員
年齢	20 歳〜 60 歳	70 歳未満
保険料	一定額（毎年改定される） 月額 16,520 円 (2023 年度)	年収により異なる (多いほど高くなる ※上限あり)
保険料負担	[第 1 号] 全額自己負担 [第 3 号] 負担なし	勤め先と折半して負担
年金の受給資格期間	120 か月以上	1 か月以上
老後にもらえる年金	老齢基礎年金	老齢厚生年金

(株)Money&You作成

主な私的年金には、次のものがあります。

●企業年金

企業年金は、**企業が従業員に対して年金を支給する仕組み**です。どの企業年金があるかは、勤め先の会社により異なります。また、企業年金の制度がない会社もあります。主な企業年金には、次のものがあります。

・厚生年金基金

厚生年金基金は、**1966年10月から始まった企業年金です。企業が厚生年金基金を設立して、国の厚生年金の給付の一部を代行し、さらに独自の年金を上乗せして給付するという仕組み**になっています。かつては企業年金の大きな柱でしたが、バブル崩壊後に運営環境が大きく悪化。2014年4月からは新たな厚生年金基金の設立ができなくなりました。既存の厚生年金基金についても、次に紹介する確定給付企業年金に移行するか解散するかが促されています。2022年3月末時点で、厚生年金基金の加入者数はわずか12万人となっています。

・確定給付企業年金（DB）

　2002年4月から始まった確定給付企業年金は、**企業が掛金を負担し、運用も企業が行う企業年金**です。企業はあらかじめ、従業員との間で給付内容を決定します。そして、従業員の退職時にその給付内容に基づいて給付を行います。企業が運用した結果利益が思うほど出なかったり、元本割れしたりした場合でも、損失分は企業が補てんしてくれるため、従業員は決まった額を受け取れます。従業員の給付額が確定しているも企業年金、というわけです。

　確定給付企業年金には、企業が契約した保険会社や信託会社に対し規約に基づいて掛金を払い込み、保険会社や信託会社が年金資産を管理、運用し年金の給付を行う「規約型」と、企業が法人格を持った企業年金基金を設立して、その基金が管理や運用、年金の給付を行う「基金型」の2種類があります。

　確定給付企業年金の加入者数は2022年3月末時点で930万人と、企業年金の中で一番多くなっています。ただし近年は、会社が運用で損失を被るリスクを回避するために、次に紹介する企業型確定拠出年金に移行する例もあります。

・企業型確定拠出年金（企業型ＤＣ）

企業型確定拠出年金は、**企業が毎月積み立てた掛金を従業員が運用する企業年金制度**。２００1年10月から始まりました。従業員は元本確保型の定期預金・保険、元本変動型の投資信託から投資先を選んで投資します。そして運用の結果を原則60歳以降に受け取ります。運用結果が良ければ年金額が増えますが、運用結果次第ではお金が減ってしまう可能性もあります。

企業型確定拠出年金の加入者数は２０２２年3月時点で７８２万人となっています。

会社員は、公的年金で国民年金と厚生年金が受け取れるのに加えて、企業年金まで用意されていることもあるので、老後の年金が比較的手厚く用意できます。

●年金払い退職給付

かつて公務員に独自に加算されていた**「職域加算」が廃止された代わりに設けられたのが年金払い退職給付です。**毎月保険料を積み立てることによって、老後の年金額の上乗せ部分を作ります。

●iDeCo（イデコ・個人型確定拠出年金）

ｉＤｅＣｏは、**自分で出した掛金を自分で運用し、60歳以降に年金として受け取る制度。**掛金が全額所得控除できて所得税や住民税の負担を減らせることが大きなメリットです。また、運用益に税金はかかりません。

かつてはｉＤｅＣｏに加入できる人が限られていましたが、制度改正によって対象者が徐々に拡大。20歳から65歳（または60歳）までの方ならば、ほぼ誰でも加入できるようになっています。２０２２年12月末時点の加入者数は２７８万人です。

●国民年金基金

国民年金基金は、**自営業や個人事業主などを対象とした、国民年金にプラスして加入できる年金制度**です。会社員や公務員と異なり、自営業や個人事業主などには厚生年金がないため、老後の年金が少なくなってしまいます。国民年金基金に加入すれば、会社員や公務員との年金受給額の格差を埋めることができます。2022年3月末時点の加入者数は34万人です。

公的年金はもちろん私的年金も、請求しないともらえません。そもそも自分がどの年金からいくらもらえそうなのか、企業年金に加入しているのか、その企業年金から老後いくらくらいもらえそうなのか、確認しておきましょう。

年金額はどう決まる？「年金不安」の正体

生命保険文化センター「2022（令和4）年度 生活保障に関する調査（速報

版)」によると、老後生活について「不安感あり」とした人の割合は82・2％にのぼります。その具体的な不安の内容（複数回答）のトップは「公的年金だけで不十分」(79・4％)。2位の「日常生活に支障が出る」は57・3％ですから、いかに多くの人が年金に不安を抱いているかがよくわかります。また、自分の老後の日常生活費を公的年金で「まかなえると思う」と考えている人は23・2％。「まかなえるとは思わない」が73・9％と、大勢を占めています。

2023年度の国民年金の満額は、67歳以下で79万5000円、68歳以上で79万2600円です。この金額はあくまで「2023年度」のもので、毎年改定されます。2023年度の年金額は、2022年度より2・2％(67歳以下)／1・9％(68歳以上)増加しました。実は年金額の増加は3年ぶりのことで、年によっては減少してしまうこともあります。その理由は、毎年の年金額の改定の仕組みにあります。

年金額は次の2つのステップで改定されます。

①物価と賃金の変動率

毎年の物価や賃金の変動率から、年金の改定率を計算して、プラスになれば年金額が増え、マイナスになれば年金額が減ります。

②マクロ経済スライド

マクロ経済スライドとは、社会情勢に合わせて年金の給付水準を自動的に調整する仕組みです。①の物価と賃金の変動率がプラスの年だけ、マクロ経済スライドを適用します。

年金額を計算する際に用いる変動率は、67歳以下（新規裁定者）と68歳以上（既裁定者）で異なります。67歳以下はまだ現役世代に近いため、現役世代の収入の変化に応じた「名目賃金変動率」を利用して年金額を計算します。それに対して、68歳以上は年金額の価値を維持するために原則「物価変動率」を利用して年金額を計算します（物価変動率より賃金変動率が小さければ賃金変動率を利用）。2023年度の年金の改定率は、67歳以下で2・8％、68歳以上で2・5％でした。

では、このまま2・8％／2・5％年金が増加するかというと、そうではありません。2023年度の年金の改定率はプラスだったので、マクロ経済スライドが適用されます。

2023年度のマクロ経済スライドの調整率はマイナス0・3%でした。これに加えて、マクロ経済スライドが適用されなかった年のマイナス分が繰り越される「キャリーオーバー」の分が0・3%残っていたため、マクロ経済スライドによる調整率は合計でマイナス0・6%となりました。つまり、

67歳以下…本来の改定率2・8%－マクロ経済スライド0・6%＝2・2%
68歳以上…本来の改定率2・5%－マクロ経済スライド0・6%＝1・9%

というわけです。これが、2023年度の年金額の増加が2・2%(67歳以下)/1・9%(68歳以上)だった理由です。

物価が2・5%上昇したのに対し、年金額の増加が2・2%/1・9%だということは、年金額は実質的に目減りしたことになってしまいます。

年金額が目減りすることはいいニュースではありませんが、過度に恐れる必要はありません。年金の改定に用いられる賃金や物価の変動率は、2～4年度前の賃金や物

年金改定率は物価変動に遅れて反映

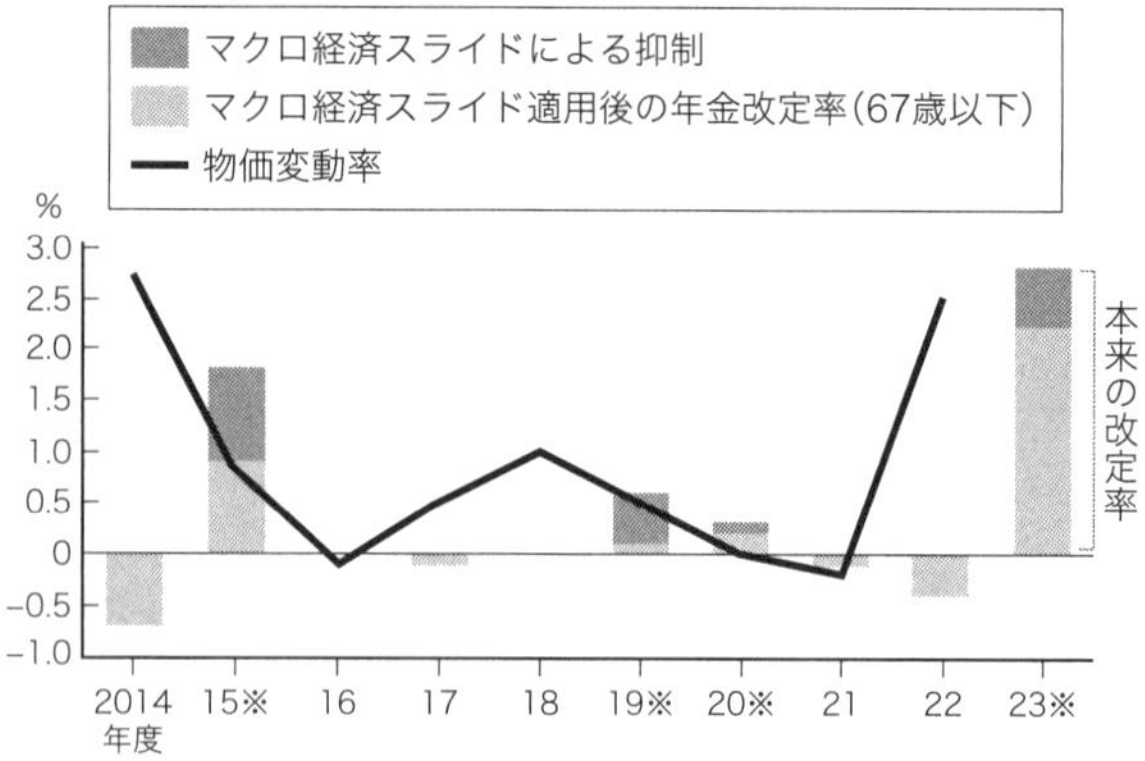

※はマクロ経済スライド適用年　　（株）Money&You作成

価を平均して算出したもののため、年金額は物価より遅れて上昇します。物価が上昇したら、「翌年度は年金が上がりやすい」と覚えておきましょう。

実際の年金額は人により大きく異なりますし、後述するように年金額を増やす方法もあります。ですから、これからすべきことは年金のことを知らずに不安でいることではありません。

年金を理解し、もらえる年金額を把握すること。そして、可能な限り年金額を増やして、足りない分を補う方法を考えることです。年金のことを正しく理解すれば、年金不安も解消できるでしょう。

国民年金・厚生年金、みんないくらもらっているの？

国民年金は、20～60歳までの40年間（480か月）にわたって国民年金保険料を支払うことで、誰もが満額もらえます。2023年度の国民年金の満額は、67歳以下で79万5000円、68歳以上で79万2600円です。この年金額は毎年見直されます。**国民年金保険料の納付月数が40年に満たないと、その分年金額も減少します**。たとえば、保険料納付月数が半分の20年間（240か月）であれば、年金額も半分になります。なお、国民年金をもらうには、保険料納付月数が10年（120か月）以上必要です。

会社員・公務員は、毎月の給料から国民年金・厚生年金の保険料を天引きで支払っています。そうすることで、老後に国民年金と厚生年金の両方をもらえます。厚生年金の受給額は、国民年金とは違い加入期間中の給与や賞与の金額を踏まえて計算されます。大まかにいうと「平均年収÷12×0・005481×加入月数」という計算式で計算されます。つまり、**給与や賞与の金額が多いほど、長く加入するほど、年**

金額が多くなります。

では、国民年金・厚生年金は、それぞれいくらもらっているのでしょうか。

厚生労働省「厚生年金保険・国民年金事業の概況」（2021年度）によると、国民年金の平均月額は全体で5万6368円です。男子は5万9013円、女子は5万4346円で、差は4700円ほどとなっています。2021年度の国民年金の満額（月額）は6万5075円でした。国民年金の平均は6万円にも届かないのが現状です。

それに対し、厚生年金（国民年金含む）の平均月額は全体では14万3965円です。しかし、男子16万3380円、女子10万4686円と、6万円近い差があります。女性は妊娠や出産を機に退職したり、子育てで働く期間が短くなったり、あるいはパートなどの非正規雇用で仕事をしたりしていることが、金額面の差となってあらわれています。

仮に、年金額がこれらの平均額であれば、夫婦とも会社員・公務員の世帯の年金額

国民年金の金額別受給人数(月額)

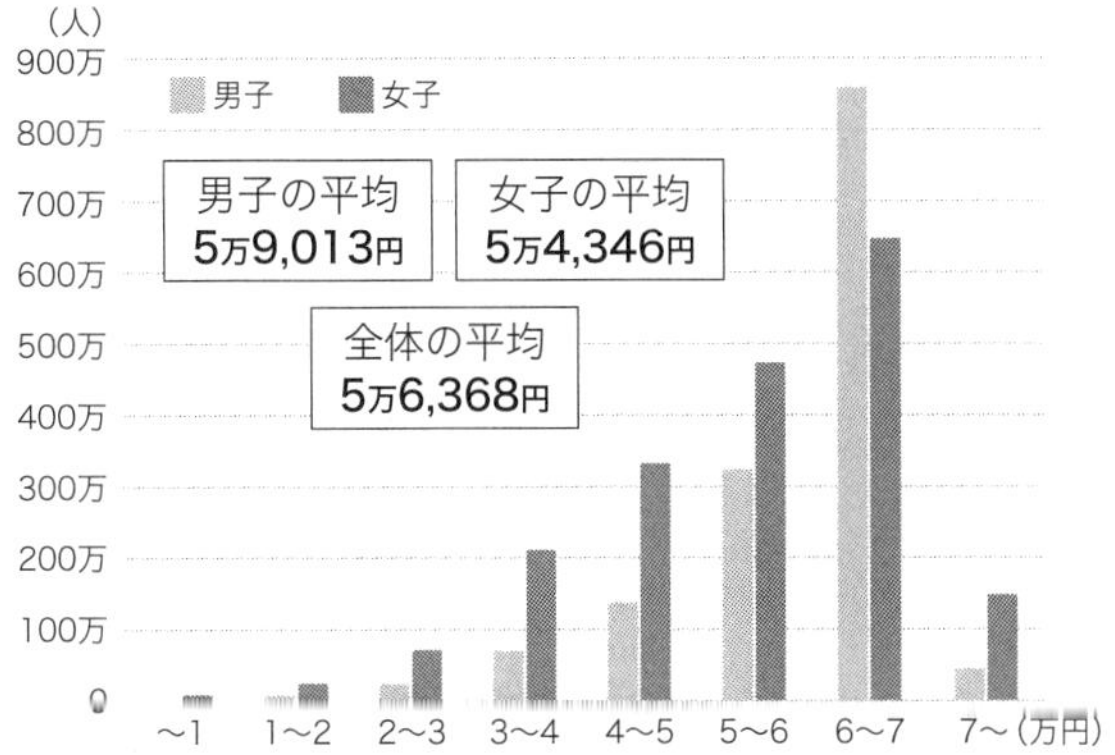

厚生年金の金額別受給人数(月額・国民年金を含んだ金額)

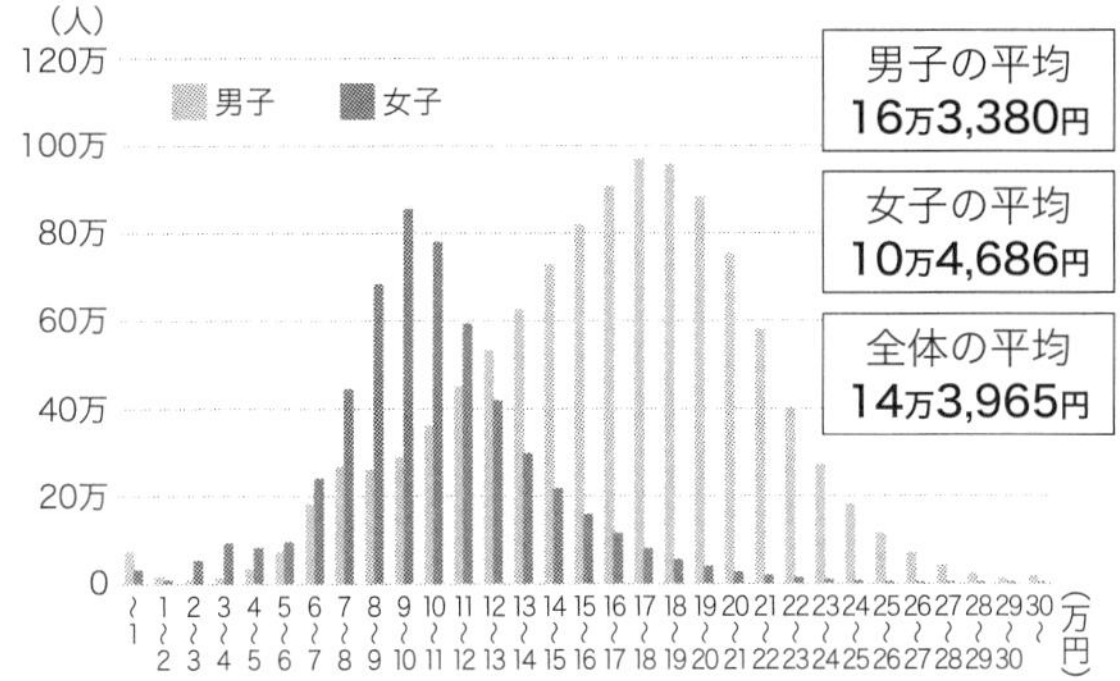

厚生労働省「厚生年金保険・国民年金事業の概況」(令和３年度)を元に(株)Money&You作成

は合計で月約26万8０００円になります。しかし、夫が会社員で妻が専業主婦なら年金額は月約21万8０００円に。さらに、夫婦で自営業なら厚生年金はもらえず国民年金だけになるため、月11万3０００円程度となってしまうのです。年金にも税金・社会保険料がかかりますので、手取りはもっと少なくなります。

もらえる年金額を公的年金シミュレーターで確認しよう

国民年金・厚生年金の平均や分布を紹介しましたが、やはり一番気になるのは、自分の年金額でしょう。そこで、年金額がひとめでわかる概算表を用意しましたので、ぜひ確認してください。

左ページの図は、23歳から厚生年金に加入した場合にもらえる年金額（国民年金＋厚生年金）の合計額（年額）を示した概算表です。なお、国民年金は２０２３年度の満額（67歳以下）、厚生年金は65歳時点での受給額を表しています。

たとえば、平均年収４００万円の方が40年間厚生年金に加入していた場合、65歳か

年金額概算表

厚生年金	年齢	平均収支 200万円	300万円	400万円	500万円	600万円	700万円
5年	27歳	85.1万円	88.1万円	90.7万円	93.0万円	95.9万円	98.9万円
10年	32歳	90.7万円	96.6万円	101.9万円	106.5万円	112.4万円	118.3万円
15年	37歳	96.3万円	105.2万円	113.0万円	119.9万円	128.8万円	137.7万円
20年	42歳	101.9万円	113.7万円	124.2万円	133.4万円	145.3万円	157.1万円
25年	47歳	107.5万円	122.3万円	135.4万円	146.9万円	161.7万円	176.5万円
30年	52歳	113.0万円	130.8万円	146.6万円	160.4万円	178.2万円	195.9万円
35年	57歳	118.6万円	139.4万円	157.8万円	173.9万円	194.6万円	215.3万円
40年	62歳	124.2万円	147.9万円	168.9万円	187.4万円	211.0万円	234.7万円
43年	65歳	127.6万円	153.0万円	175.7万円	195.5万円	220.9万円	246.4万円

※国民年金満額(79万5000円)と厚生年金額の目安
※65歳未満の金額は65歳時点での受給金額を表示
(株)Money&You作成

らもらえる国民年金と厚生年金の合計（年額）は約168・9万円とわかります。月額に換算すると、約14万円です。表から、平均年収が高くて厚生年金の加入期間が長いほど、年金額の合計が増えることがわかります。

なお、**年金は年6回に分けて支払われます**。毎年の偶数月の15日（土日祝の場合はその直前の平日）に、前月と前々月分の2か月分の年金額がまとめて支払われます。たとえば、6月15日に支払われる年金は、4月と5月の2か月分です。

自分の年金額を大まかに知りたい場合は、公的年金シミュレーターも便利です。公的年金シミュレーターは、厚生労働省が運用している年金額の試算サイトです。ねんきん定期便（次項で紹介）に記載されている「公的年金シミュレーター二次元コード」をスマホやタブレットなどのカメラで読み込むと、公的年金シミュレーターが起動します。生年月日を入力して「試算する」を選択するだけで、将来もらえる年金見込み額がグラフで表示されます。なお、ねんきん定期便がない場合も、ウェブサイトからアクセス可能です。

公的年金シミュレーター

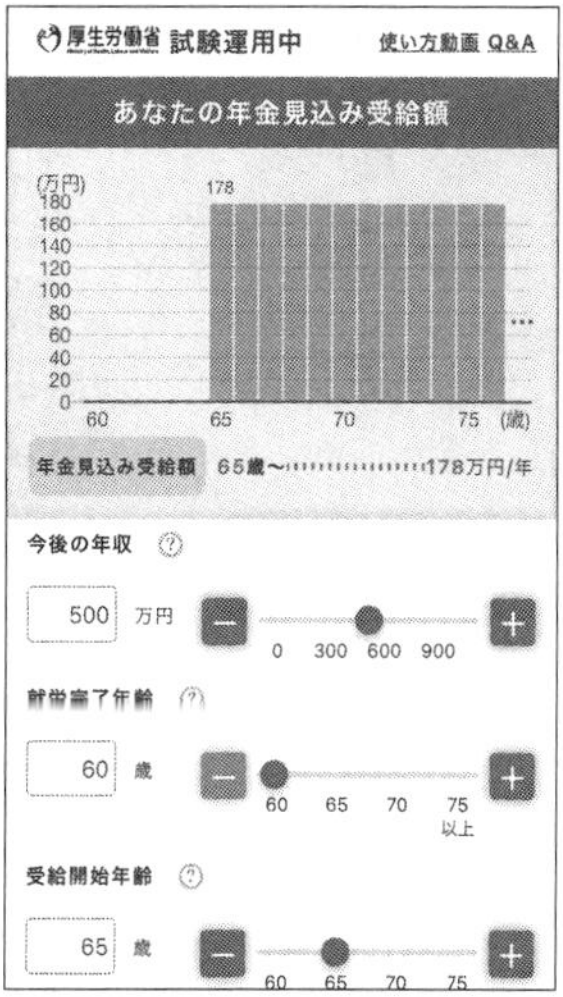

ねんきん定期便の二次元コードを読み取り、生年月日を入力すると、もらえる年金額の目安が表示される

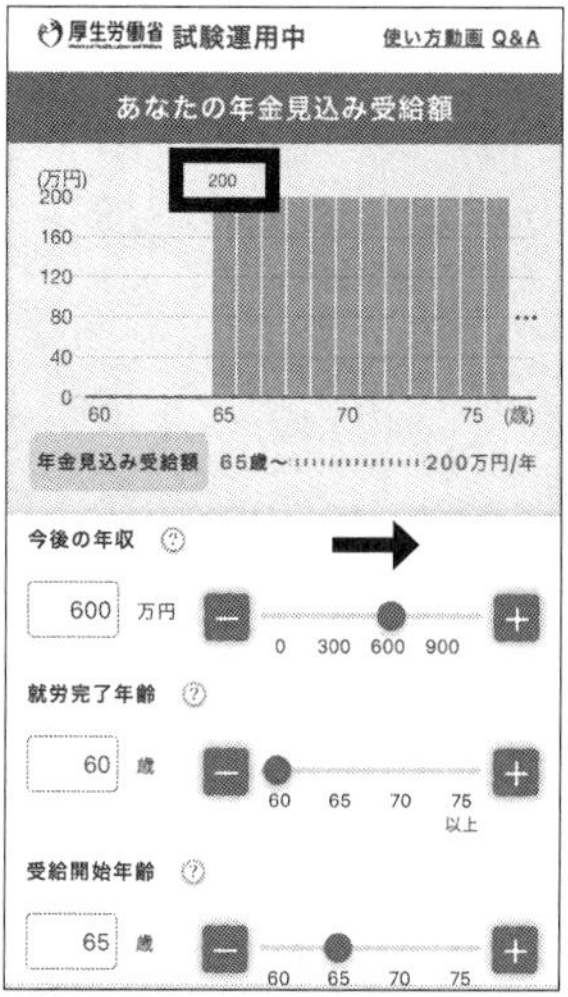

今後の年収や就労完了年齢、受給開始年齢などのスライダーを左右に動かすと、年金額の試算が変わる

また、サイト内のスライドバーを操作して左右に動かすと、今後の年収や年金の受給開始年齢などを変更した場合の試算もすぐにできます。利用は無料で、ID・パスワードなども不要。手軽に使えますので、ぜひ試してみてください。

正確な年金額はねんきん定期便・ねんきんネットで確認

国民年金や厚生年金保険に加入している人は、日本年金機構から年に1回、誕生月に「ねんきん定期便」が届きます。**ねんきん定期便は基本的にハガキですが、35歳、45歳、59歳になる年は、ハガキではなく封書で届きます。**

ねんきん定期便には、年金に関するさまざまな情報が詰まっています。50歳以上のねんきん定期便で、チェックしておきたいのは次のポイントです。

●60歳まで加入した場合の年金額の目安

50歳以上の方のねんきん定期便には、今のまま60歳まで年金に加入し、65歳から年金をもらいはじめた場合の1年間の受取見込額が記載されます。実際にもらえる金額に近い金額がわかるので、老後の収入のイメージもつきやすいでしょう。

ただこの年金額は、あくまで「今のまま60歳まで年金に加入した」場合の金額ですので、たとえば会社を早期退職した、役職定年で収入が減ってしまった、あるいは昇進していきなり給与が増えたなどといったことで年収の増減があると、もらえる年金額も変わってきます。

なお、50歳未満のねんきん定期便には「現時点でもらった場合の年金額」が記されています。そのため、特に20代・30代などと若い人ほど金額が少なく表示されます。しかし、今後も年金保険料を納めることで、少しずつもらえる年金額が増えていきます。

●加入履歴

「最近の月別状況」の欄には、この1年の年金保険料の納付状況や納付額が記載されています。封書で届くねんきん定期便の場合は、全期間の納付状況や納付額が記載されています。たとえば「会社に勤めている（保険料を納めている）期間のはずなのに、未納になっている」ということがもしもあったら、何らかの間違いが生じている可能性があります。

●これまで納めた保険料納付額（累計額）

これまでに納めてきた国民年金保険料（第1号被保険者）と厚生年金保険料（第2号被保険者）の合計額が記載されています。厚生年金に加入している人は、厚生年金だけでなく国民年金の保険料も払っています。なお、厚生年金保険料は会社と折半して支払いますが、記載されている金額は自分で負担した分のみです。

この金額が正しいかを確認するのは大変ですが、保険料を納めているはずなのに「昨年から増えていない」といった場合、ミスがある可能性があります。

●これまでの年金加入期間

国民年金、厚生年金、船員保険、合算対象期間など、これまでの年金加入期間の月数が表示されています。これらの期間を合計した受給資格期間が１２０か月（＝10年）以上になると、原則65歳から老齢年金をもらえます。加入期間に間違いがないか、確認しましょう。

50歳以上のねんきん定期便

令和５年度「ねんきん定期便」50歳以上の方（表）

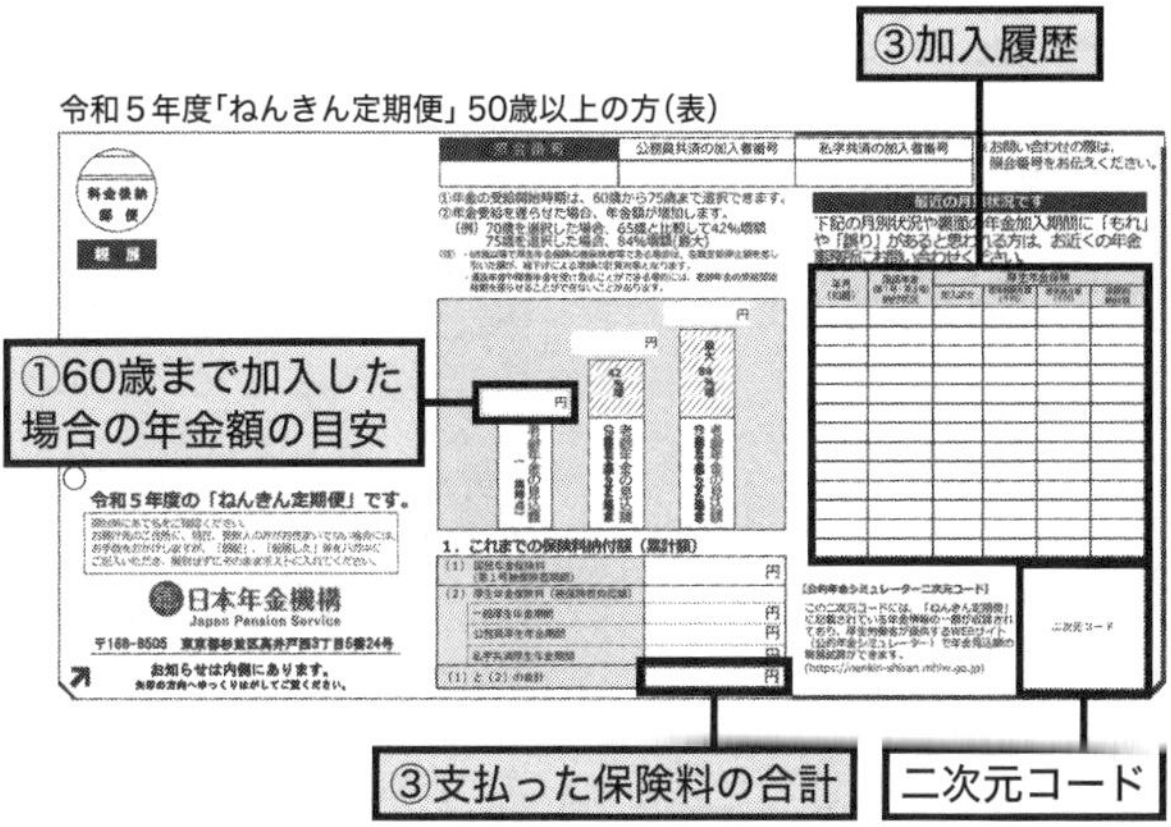

令和５年度「ねんきん定期便」50歳以上の方（裏）

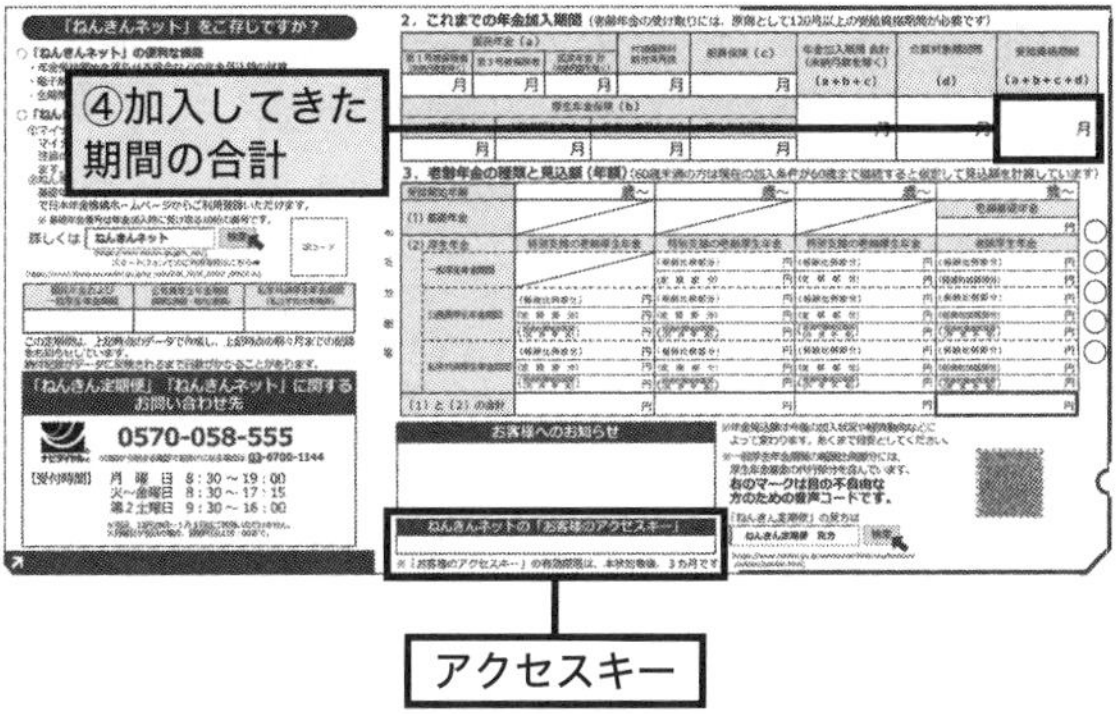

59歳のねんきん定期便(封書)

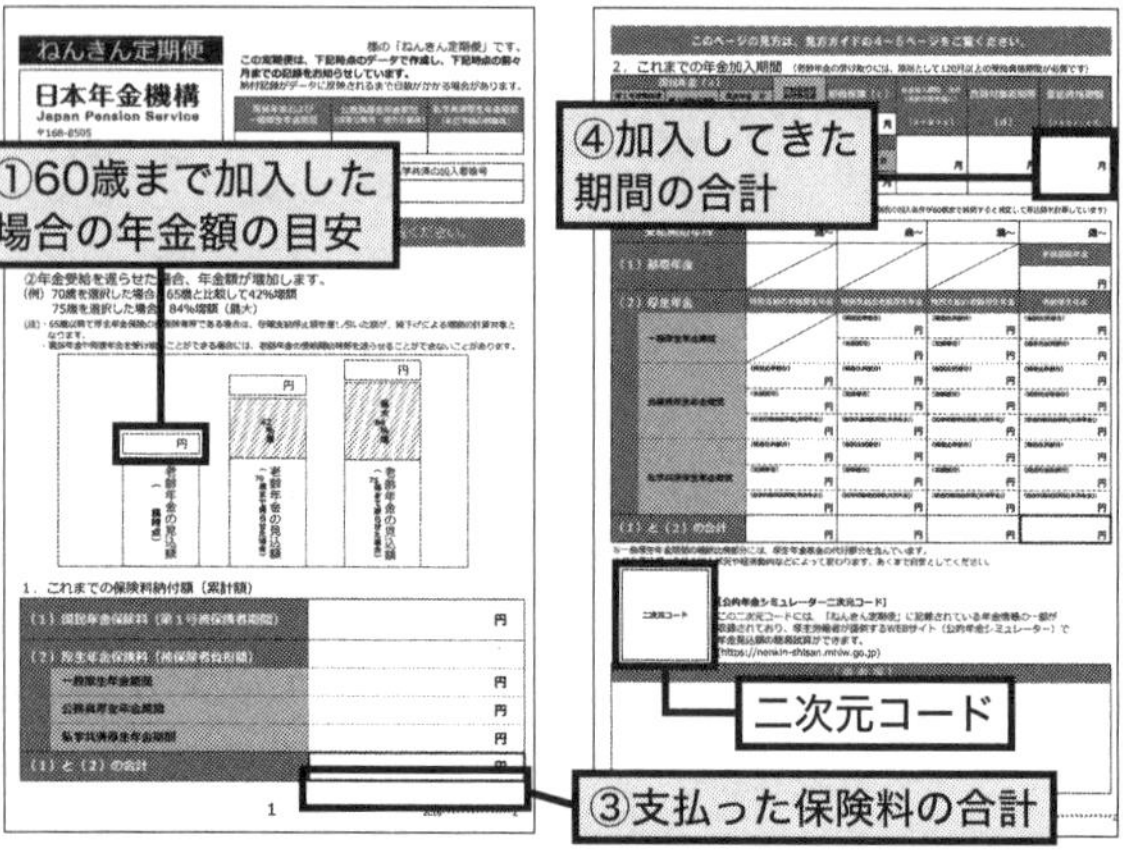

②これまでの加入履歴・保険料納付状況

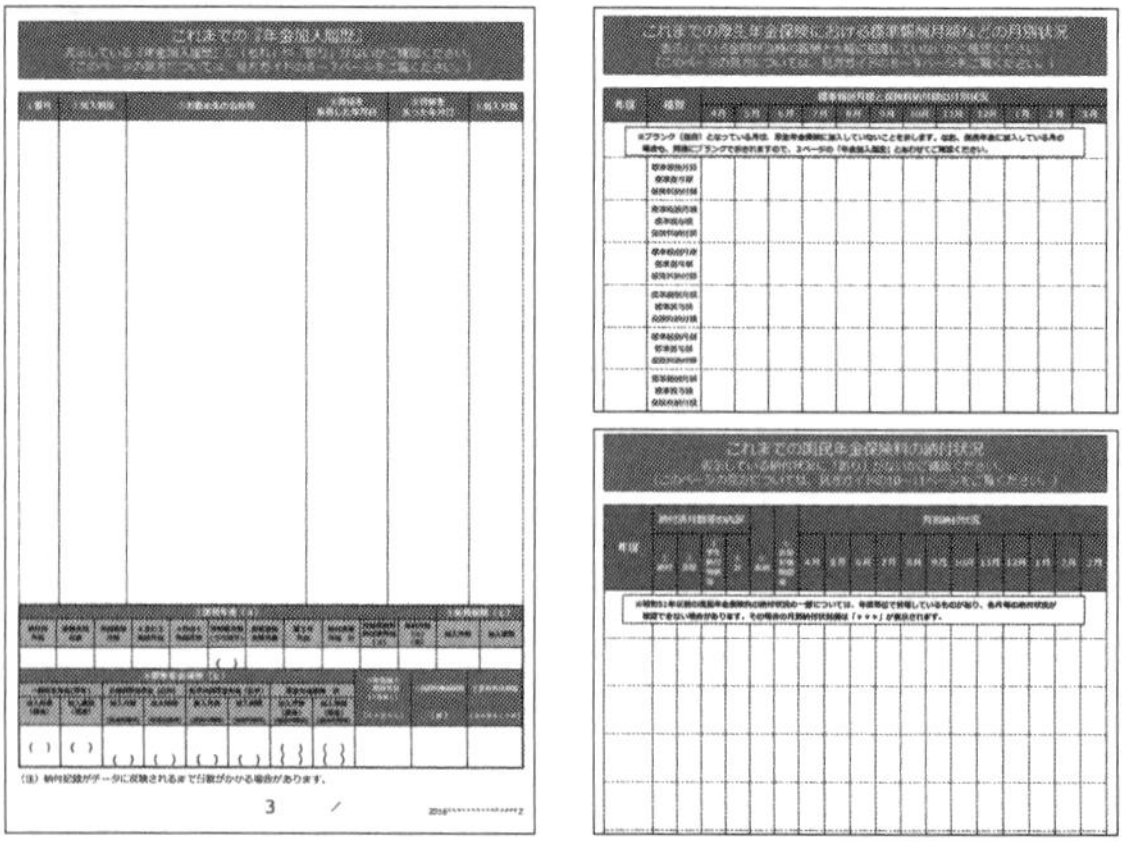

万が一、年金記録が間違っていたり、記載漏れがあったりすると、将来の年金額が減る可能性があります。ミスや漏れ、疑問点などがあったら、すぐに日本年金機構に問い合わせましょう。日本年金機構によると「転職した（何度もしている場合は特に）」「結婚や離婚によって苗字が変わった」「名前の読み方が色々ある」の3点による漏れや誤りが全体の9割を占めているそうです。

ねんきん定期便には、ねんきんネットへのアクセスキーや公的年金シミュレーターへの二次元コードも記載されています。**ねんきんネットは、ねんきん定期便に書いてある情報がネット上で確認できるウェブサイト**です。

ねんきん定期便で年金の情報を確認することは大切です。しかし、ねんきん定期便は年に1回しか届きません。そのうえ、小さいハガキの紙面に記載できる情報量に限りがあります。そこで利用したいのが、ねんきんネットです。ねんきんネットは、ネットから自分の年金の情報を手軽に確認できるサービスです。

ねんきんネットでは、いつでも20歳から今までのすべての年金加入履歴が確認できます。また、厚生年金の加入記録では「資格取得／喪失年月日」「勤め先の名称」「標準報酬月額／標準賞与額」、国民年金の加入記録では「各月の納付状況」といったより細かな情報を見ることができます。そのうえ、確認に注意が必要な年金記録もアイコンでわかりやすく表示されます。

ハガキのねんきん定期便が届くのは年に1回のみですが、ねんきんネットは自動的に最新の情報に更新されます。そして24時間いつでもどこでもスマホやパソコンでアクセスして情報を確認できます。

また、ねんきんネットでは、将来もらえる年金の見込み額をシミュレーションできます。「かんたん試算」では、現在と同じ条件で、60歳まで年金制度に加入し続けた場合の年金の見込額をすばやく試算可能。「詳細な条件で試算」では、今後の職業、収入、働く期間、受給開始年齢、未納分の追納をした場合などの条件を細かく設定して年金の見込み額を試算できます。繰り上げ受給・繰り下げ受給（第2章で紹介）をした場合の年金見込額の試算も細かくできます。公的年金シミュレーターよりも詳細に調べたい場合に便利です。試算結果は保存しておくこともできるので、いくつかのパターンを算出して比較するときにも役立ちます。

さらに、ねんきんネットからは電子版のねんきん定期便を見ることもできます。電子版のねんきん定期便は、ＰＤＦファイルでダウンロードすることもできます。データで毎年のねんきん定期便をダウンロードしておけば、確認・保存も簡単です。

電子版のねんきん定期便のデザインはハガキと同じなので、これまでハガキで確認していた人でも安心です。誕生月には、ねんきんネット利用者に電子版のねんきん定期便のお知らせが届きます。

なお、ねんきんネットを利用することで、ハガキ版のねんきん定期便の郵送を停止することもできます（封書版のねんきん定期便は届きます）。

電子版のねんきん定期便を利用するには、ねんきんネットへの登録が必要です。簡単なのはマイナンバーカード取得者が利用できる「マイナポータル」から登録する方法。スマホ・パソコンからマイナポータルにログインして、ねんきんネットと連携する手続きをすれば、ねんきん定期便を利用できるようになります。

ねんきんネットの主な画面

ねんきんネットのトップページ

ねんきんネットでは年金記録の確認・将来の年金額の試算・年金通知書の確認などが可能

年金記録の確認

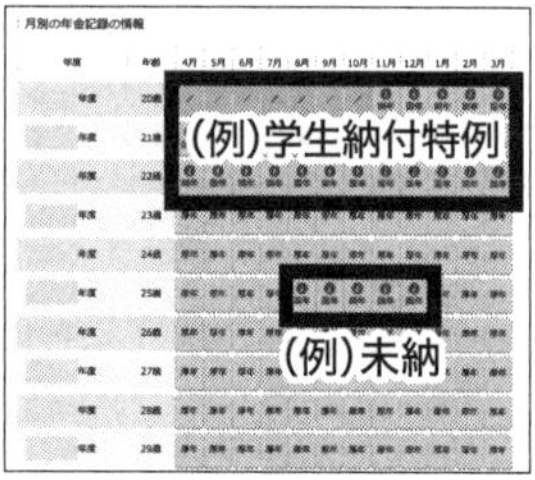

月別の年金記録を確認できる。「i」のついているところは「特にご確認いただきたい月」。選択すると詳細が表示される

将来の年金額の試算

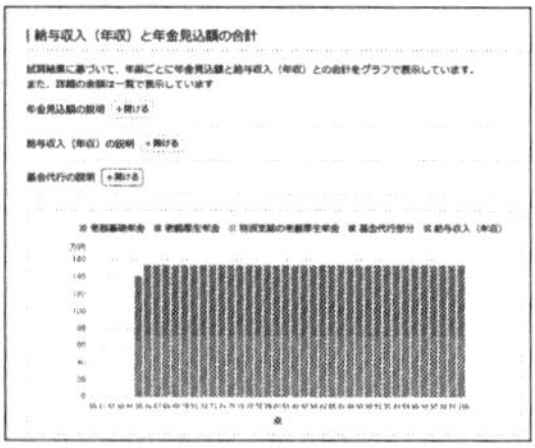

将来の年金額を試算して、グラフ・金額でわかりやすく表示できる

年金通知書の確認

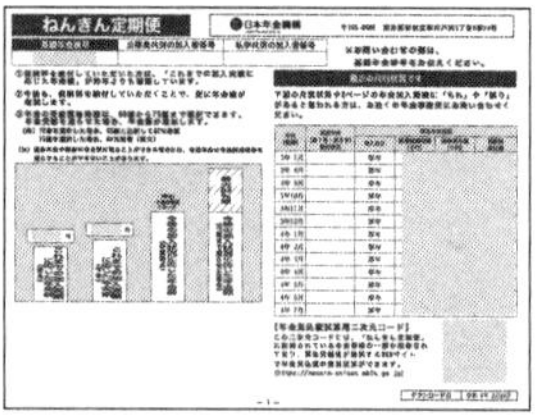

電子版のねんきん定期便などを閲覧・ダウンロードできる

また、**ねんきんネットのユーザーIDを取得する方法でも利用可能**です。ねんきん定期便に記載されている「アクセスキー」を使うと、ユーザーIDの取得がスムーズにできます。日本年金機構のウェブサイトのトップページにある「新規利用登録」↓「アクセスキーあり」を選択して手続きしましょう。

ただし、**アクセスキーの有効期限はねんきん定期便の到着から3か月**です。有効期限が切れた、アクセスキーがわからない場合は「アクセスキーなし」を選択して登録すると、後日郵送でユーザーIDが届き、ねんきんネットにログインできるようになります。

年金には「障害年金」「遺族年金」もある

年金には、老齢年金のほかに障害年金・遺族年金もあります。

障害年金は、病気やケガなどで障害が残ったときに、障害の程度に応じて受け取れる年金です。国民年金から受け取れる年金を障害基礎年金、厚生年金から受け取れる年金を障害厚生年金といいます。障害年金は、条件を満たせば65歳に年齢が達していなくてももらえます。

障害年金を受け取るには、３つの要件を満たす必要があります。

①初診日に国民年金や厚生年金の被保険者であること

②障害認定日に「障害認定基準」を満たしていること

③初診日がある月の前々月までの年金加入期間において、３分の２以上の期間の保険料を納めている（あるいは免除されている）こと

障害年金の受給額は、障害の程度（等級）によって変わります。

障害基礎年金の対象になるのは障害等級が１級・２級の場合。それに対して障害厚生年金の対象は障害等級が１級から３級の場合と、障害基礎年金よりも対象が広くなっています。たとえば、障害等級が２級の場合、障害基礎年金は国民年金の満額と同額で年79万５０００円（67歳以下）、障害厚生年金は報酬比例の年金額（人により異なる）がもらえます。障害等級１級の場合はこの１・２５倍となるため、障害基礎年金は99万３７５０円、障害厚生年金は報酬比例の年金額の１・２５倍がもらえます

（以上金額は2023年度）。

また、**遺族年金は、国民年金・厚生年金に加入している人や、国民年金・厚生年金の受給資格がある人が亡くなったとき、その亡くなった人によって生計を維持されていた人が受け取れる年金**です。国民年金からの遺族年金を遺族基礎年金、厚生年金からの遺族年金を遺族厚生年金といいます。

遺族基礎年金と遺族厚生年金では、受給要件が異なります。

遺族基礎年金が受け取れるのは、「子のある配偶者」または「子」に限られています。また受け取れる期間も、原則18歳の年度末を迎えるまでとなっています。

一方、遺族厚生年金は遺族基礎年金とは違い、子どもの有無に関係なく受け取ることができます。亡くなった人に生計を維持されていた人で、もっとも優先順位の高い人が受け取れます。

具体的には、

1位　子のある妻・子のある55歳以上の夫・子
2位　子のない妻・子のない55歳以上の夫
3位　55歳以上の父母
4位　孫
5位　55歳以上の祖父母

このようになっています。

配偶者（夫55歳以上、妻30歳以上）は再婚などしない限り、遺族厚生年金を一生涯受け取れます。


遺族基礎年金の金額は「79万5０００円＋子の加算」。子どもが第1子・第2子の場合は各22万8７００円、第3子以降の場合は各7万6２００円（２０２３年度）が加算されます。

遺族厚生年金の金額は、本人が65歳時点で受け取る予定だった（受け取っていた）老齢厚生年金（報酬比例部分）の額の4分の3にあたる金額です。加入期間中の報酬額や加入月数に基づいて計算されるため、人により異なります。加入月数が300か月（＝25年）に満たない場合には300か月として計算されるので、若くして亡くなり加入期間が短かった場合にも、まとまった金額の年金が受け取れます。

また、自営業やフリーランスなど、国民年金の第1号被保険者の夫が亡くなった場合、遺族厚生年金はもらえません。この場合、妻の年金は自身の老齢基礎年金のみになってしまいます。しかし、一定の条件を満たす妻は「寡婦年金」、または「死亡一時金」のどちらか一方をもらうことができます。

●寡婦年金

寡婦年金は、国民年金に加入していた夫の保険料納付済期間と保険料免除期間の合計が10年以上のとき、婚姻期間が10年以上の妻が60歳から65歳になるまでの間もらえる年金です。受給できる年金額は、夫の加入期間のみで計算した老齢基礎年金の4分の3となります。

ただし、夫が老齢基礎年金もしくは障害基礎年金を受給したことがある場合、妻が老齢基礎年金を繰り上げ受給している場合には支給されません。

●死亡一時金

死亡一時金は、国民年金の第1号被保険者として保険料納付済期間が36か月以上（3年以上）ある方が老齢基礎年金・障害基礎年金を受け取らずに亡くなったときに、生計を同じくしていた遺族（1・配偶者、2・子、3・父母、4・孫、5・祖父母、6・兄弟姉妹の中で優先順位の高い遺族）に支給されるお金です。

死亡一時金の金額は、保険料の納付月数に応じて12万円〜32万円。また、付加保険料（国民年金の上乗せができる付加年金の保険料）を36か月以上納めていたときは、死亡一時金に8500円が加算されます。

ただし、亡くなった方が老齢基礎年金または障害基礎年金を受給したことがある場合は、死亡一時金を受給できません。また、死亡一時金は死亡した日の翌日から2年以内に請求しないと受給できなくなります。

なお、**寡婦年金は「夫」が亡くなった場合に「妻」がもらえる年金**です。「妻」が亡くなった場合に「夫」がもらえる「寡夫年金」のような制度はありません。

老齢年金には税金がかかりますが、**障害年金や遺族年金は非課税**です。税金の面では、老齢年金よりも優遇されています。

国民年金保険料が払えない場合はどうする?

国内に住む20歳以上60歳未満の方は、国民年金保険料を支払う「義務」があります。もっとも、国民年金保険料を自分で支払う必要があるのは自営業・フリーランス・学生・無職の人といった、国民年金の第1号被保険者のみです。会社員・公務員(第2号被保険者)は厚生年金保険料と一緒に支払っていますし、第2号被保険者が扶養している配偶者(第3号被保険者)は保険料の負担が不要です。

いくら支払いが義務だとはいっても、人によっては支払うのが難しい場合があるでしょう。厚生労働省「令和3年度の国民年金の加入・保険料納付状況について」によると、2021年度（令和3年度）の国民年金保険料の未納者は106万人います。公的年金加入者全体に占める未納者の割合は約1・6％ですが、国民年金の第1号被保険者に占める未納者の割合は約7・4％となっています。

国民年金保険料の支払いが厳しい場合は、申請することで「免除」や「納付猶予」を受けることができます。

●保険料免除制度

収入が減ったり失業したりして、**国民年金保険料の支払いが難しいときに、保険料が全額免除もしくは一部免除になる制度**です。保険料免除制度で免除される金額は、「全額免除」「4分の3免除」「半額免除」「4分の1免除」の4種類があります。

保険料が免除された期間は、国民年金の受給資格期間に含まれます。また、年金額も増加しますが、本来国民年金保険料を納めたときほどは増加しません。具体的には、

・全額免除の場合：本来の年金額の8分の4
・4分の3免除の場合：本来の年金額の8分の5
・半額免除の場合：本来の年金額の8分の6
・4分の1免除の場合：本来の年金額の8分の7

となっています。

●納付猶予制度

本人または配偶者の前年度の所得が一定額以下の場合に国民年金保険料の支払いが猶予される制度です。利用できるのは20歳以上50歳未満の人。50歳以上の方は利用できません。納付猶予を受けた期間は、国民年金の受給資格期間としてカウントされますが、年金額は増えません。

●学生納付特例制度

国民年金に加入するのは20歳からですが、20歳だとまだ学生で支払いが難しい場合もあるでしょう。**学生納付特例制度を利用すると、学生の間の保険料の納付が猶予されます**。こちらも、納付猶予を受けた期間は、国民年金の受給資格期間としてカウントされますが、年金額は増えません。

国民年金保険料の支払いが40年に満たない場合はどうする?

国民年金を満額もらうには、40年間にわたって所定の国民年金保険料を支払う必要があります。前項で紹介した免除制度や納付猶予制度を受けた月の保険料は、10年以内ならばあとから納付(追納)できます。**追納すれば、本来保険料を納めた場合と同じ金額の国民年金が受け取れます**。ただし、3年を超えて追納すると、保険料に一定の加算額がプラスされるので、できれば2年以内に追納しましょう。

免除制度や納付猶予制度を利用していない場合、追納できるのは2年以内です。この場合も追納すれば本来と同じ金額が受け取れます。

未納の期間や免除・納付猶予を受けた期間の追納期間が過ぎた場合でも、60歳から65歳未満までの5年間は国民年金の任意加入ができます。任意加入をすることで未納を減らし、国民年金の加入期間を増やすことができるため、年金額を増やせます。任意加入ができるのは、次ページの図のとおり①～⑤のすべてを満たす方です。

たとえば、学生納付特例制度を利用していた期間は、あくまで「猶予」ですので、10年以内に追納しなければ未納の扱いになってしまいます。しかし、仮に未納の扱いになっていたとしても、60歳以降に国民年金に任意加入すれば、未納を減らして年金額が増やせるというわけです。

学生納付特例制度は２０００年（平成12年）にはじまった制度ですので、それより前に大学などを卒業された方は対象外ですが、今後は学生納付特例制度で生じた未納分を任意加入でカバーする人も増えるでしょう。

国民年金の加入期間は最長で４８０か月まで増やせます。４８０か月に達すれば満額の国民年金が受け取れますし、たとえ４８０か月に達しなかったとしても、加入期

2024年3月末までの国民年金保険料の追納額と加算額

免除を受けた月	追納額（1か月）	当時の保険料（1か月）	加算額
平成25年度の月分	15,220円	15,040円	180円
平成26年度の月分	15,370円	15,250円	120円
平成27年度の月分	15,700円	15,590円	110円
平成28年度の月分	16,360円	16,260円	100円
平成29年度の月分	16,570円	16,490円	80円
平成30年度の月分	16,410円	16,340円	70円
令和元年度の月分	16,460円	16,410円	50円
令和2年度の月分	16,570円	16,540円	30円
令和3年度の月分	16,610円	16,610円	0円
令和4年度の月分	16,590円	16,590円	0円

任意加入の条件

①〜⑤のすべてを満たす方が任意加入可能

①	日本国内に住所がある60歳以上65歳未満の方
②	老齢基礎年金の繰り上げ受給をしていない方
③	20歳以上60歳未満までの保険料の納付月数が480か月（40年）未満の方
④	厚生年金保険、共済組合等に加入していない方
⑤	日本国籍がなく、在留資格が「特定活動（医療滞在または医療滞在者の付添人）」や「特定活動（観光・保養等を目的とする長期滞在または長期滞在者の同行配偶者）」で滞在する方以外の方

※このほか、年金の受給資格期間を満たしていない65歳以上70歳未満の方や外国に居住する20歳以上65歳未満の日本人も加入可能

間を5年（60か月）増やせれば単純計算で年10万円ほど国民年金の金額が増えます。したがって、なるべく40年、480か月分の国民年金保険料を納付して、年金額を増やすようにしましょう。

国民年金保険料を払っていないとどうなる？

国民年金保険料を未納にしていると、次の3つのことが起こります。

①もらえる年金額が減る

国民年金保険料を40年間払い続けると、老齢基礎年金が満額もらえます。しかし、未納の期間があれば、その分減額されます。2023年度の67歳以下（満額：年79万5000円）の人の場合、1年間未納にするごとに、老齢基礎年金は約2万円減ります。さらに、納付期間が10年以上ないと年金をもらえなくなってしまいます。

②障害年金や遺族年金がもらえない可能性がある

障害者になったときに受け取れる障害基礎年金や亡くなったときに遺族に支払われる遺族基礎年金もあります。国民年金保険料を未納にすると、これらも受け取れなくなる可能性があります。

障害年金・遺族年金を受け取るには、20歳から初診日（障害・死亡の原因となった病気やケガについて、初めて医師などの診療を受けた日）の前々月までの期間の3分の2以上保険料を支払っている必要があります（2026年3月31日までは特例で「初診日の前々月から1年間に未納がない」場合も障害年金・遺族年金が受け取れます）。

③財産を差し押さえられる

国民年金保険料の支払いの催促状が届いているにもかかわらず無視を続け、国民年金保険料を納めないでいると、最終的には財産を差し押さえられる可能性があります。強制的に国民年金保険料が徴収されてしまうのです。

強制徴収の対象となるのは、直近の実績では所得額300万円以上で7か月以上保険料が未納になっている人。2022年度は9月末時点で866件の差し押さえが実施されています。

このような事態を防ぐために、そして何より年金を少しでも多くするために、国民年金保険料は支払うようにしましょう。また、支払いが厳しいようであれば免除や猶予の相談をしましょう。「未納」にしないことが大切です。

生きていけるかもしれないが……豊かな暮らしはできない！

日本年金機構「令和4年4月分からの年金額等について」によると、平均的な収入（平均標準報酬（賞与含む月額換算）43・9万円で40年間就業した場合）の夫（妻）と専業主婦（夫）の夫婦がもらえる年金額は、平均月額22万円です。

生命保険文化センター「2022（令和4）年度『生活保障に関する調査』」によ

ると、夫婦2人で老後生活を送る上で必要と考えられる最低日常生活費の平均額は月額で23・2万円。共働きの世帯が増えている中、夫婦の年金額が合計22万円を超える世帯も多くあります。年金だけで生きていくことも不可能ではなさそうです。

ただ、この金額はあくまで「**生きていくために必要な金額**」に過ぎません。生命保険センターの同調査によると、**老後の生活費にゆとりを上乗せした「ゆとりある老後生活費」は平均月額約38万円**ですので、16万円もの差が生じます。この16万円の上乗せを20年間用意したいなら、年金とは別に3840万円必要です。仮に、退職金でこの半分がまかなえたとしても、まだ2000万円近い差があるのです。

もちろん、老後に叶えたい夢・目標は人それぞれ違います。そして、それにかかるお金も違うのですから、誰もが3840万円を用意する必要はありません。しかし、老後に叶えたい夢や目標を達成するためには、お金が必要なことは間違いない事実です。人生を楽しいものにするために、お金を増やすことを考えましょう。

お金を増やしていくには、投資の力が欠かせません。

50歳から毎月5万円ずつ貯蓄すると、20年で貯まるお金の合計は1200万円ですが、NISAやiDeCoといった、投資の利益が非課税にできる制度を活用して毎月5万円・年利5％で増やせれば、資産の合計は2055万円に増えます。日本では、株や投資信託などの運用益に対して20・315％の税金がかかりますので、非課税制度を使わない場合に支払う税金は174万円、手元に残るのは1881万円です。

もちろん、投資には元本保障はありません。しかし、老後の生活を充実させるためには、お金を用意しておく必要があります。詳しくは第5章で扱いますが、お金を働かせて増やすという視点を持っておくことが大切です。

第2章

ズバリ！　年金はいつからもらうのが正解なのか！

年金が多いほど税金・社会保険料が増えていく

会社員・公務員は、毎月の給与から税金や社会保険料が天引きされています。給与の額面から税金や社会保険料を差し引いた残りが、手取りの給与です。これと同じように、**老後の年金にも税金や社会保険料がかかります**。

具体的には、

①国民健康保険料（75歳未満）または後期高齢者医療保険料（75歳以上）
②介護保険料
③所得税
④住民税

この4点です。

ねんきん定期便などに記載される年金額は、税金や社会保険料が引かれる前の総支給額です。年金額が年18万円以上の場合、税金や社会保険料が天引きされて銀行に振り込まれます。

年金から天引きされるお金は一律ではなく、年金額や家族構成、住んでいる自治体などによって異なります。

たとえば、

・東京都文京区在住、独身、扶養家族なし
・65歳受給の年金額面240万円（月20万円）
・年金以外の収入なし
・所得控除は基礎控除と社会保険料のみ

この条件で計算（金額はすべて2022年度）すると、次のようになります。

①（75歳未満の場合）国民健康保険料：年13万7428円
（75歳以上の場合）後期高齢者医療保険料：年12万8963円
②介護保険料：年9万300円
③所得税：年2万9600円（75歳以上は3万円）
④住民税：年6万9200円（75歳以上は7万円）

以上を合計すると、年間の税金・社会保険料の金額は、65歳〜75歳未満が32万65

年金から引かれる税金・社会保険料

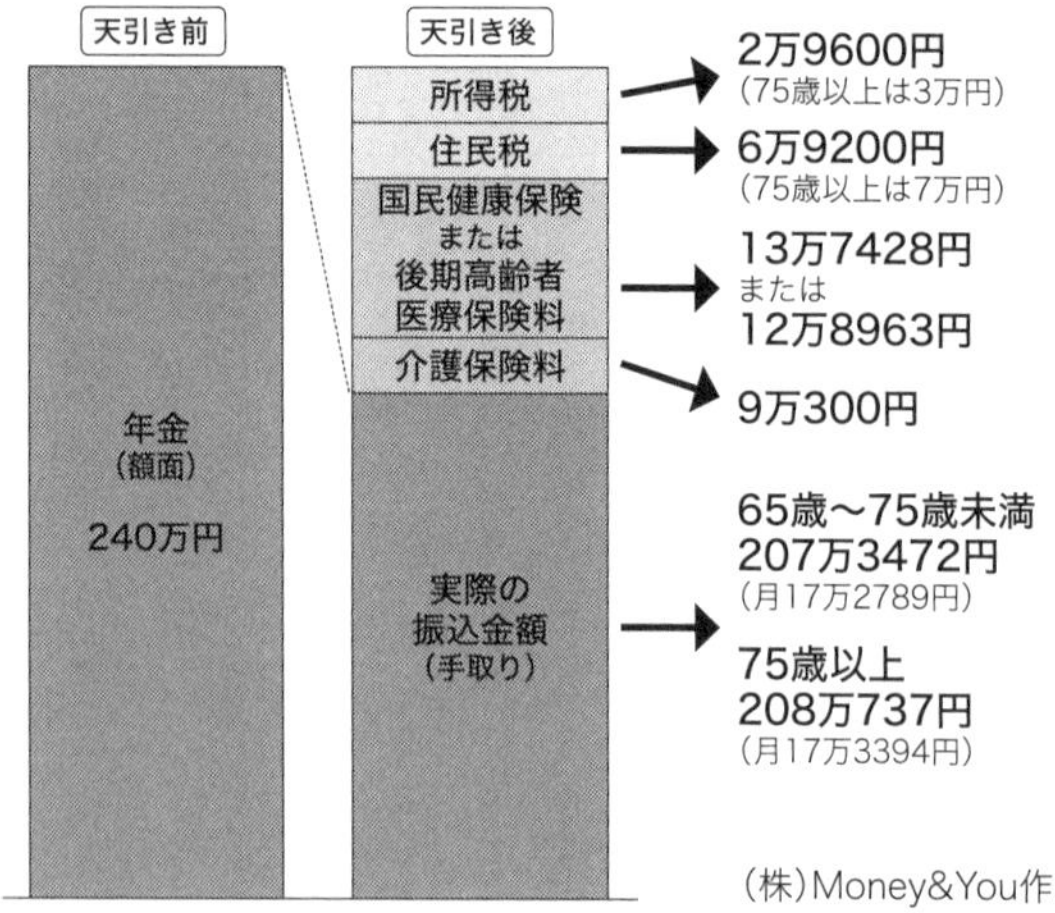

（株）Money&You作成

２８円、75歳以上が31万９２６３円となります。たとえ年金の額面は２４０万円でも、年金の手取りは２０８万円程度になってしまうというわけです。年金から天引きされる金額は人により異なりますが、おおよそ10％～15％程度。このケースでは約14％が天引きされています。

年金が多いほど、税金や社会保険料も増えます。老後のお金の計画を立てる際には、手取りの年金額を考える必要があることを押さえておきましょう。

なお、税金・社会保険料は、所得、年齢、家族構成、居住地によって変わるため、正確な金額は年金事務所や年金相談センターで確認しましょう。

年金は繰り下げ受給のほうが得だが……

年金は原則として65歳から受け取れますが、**希望すれば60~75歳の間の好きなタイミングで受給を開始できます**。60~64歳までに受給することを「繰り上げ受給」、66~75歳までに受給することを「繰り下げ受給」と呼びます。

年金の受給開始の時期は1か月単位で選択できます。そして、いつから受け取りはじめるかによって年金の金額（受給率）が変わります。

60~64歳11か月まで受給を早める繰り上げ受給では、1か月早めるごとに0・4%ずつ受給率が減り、60歳まで年金の受給開始を早めると受給率は76%（24%減額）となります。対して、66~75歳まで受給を遅らせる繰り下げ受給では、1か月遅らせるごとに0・7%ずつ受給率が増え、75歳まで遅らせると受給率は184%（84%増額）になります。

繰り上げ受給・繰り下げ受給による年金の受給率の変化

□ 繰り上げ受給…もらえる年金額が減る

■ 繰り下げ受給…もらえる年金額が増える

（%）

	0か月	1か月	2か月	3か月	4か月	5か月	6か月	7か月	8か月	9か月	10か月	11か月
60歳	76	76.4	76.8	77.2	77.6	78	78.4	78.8	79.2	79.6	80	80.4
61歳	80.8	81.2	81.6	82	82.4	82.8	83.2	83.6	84	84.4	84.8	85.2
62歳	85.6	86	86.4	86.8	87.2	87.6	88	88.4	88.8	89.2	89.6	90
63歳	90.4	90.8	91.2	91.6	92	92.4	92.8	93.2	93.6	94	94.4	94.8
64歳	95.2	95.6	96	96.4	96.8	97.2	97.6	98	98.4	98.8	99.2	99.6
65歳	100											
66歳	108.4	109.1	109.8	110.5	111.2	111.9	112.6	113.3	114	114.7	115.4	116.1
67歳	116.8	117.5	118.2	118.9	119.6	120.3	121	121.7	122.4	123.1	123.8	124.5
68歳	125.2	125.9	126.6	127.3	128	128.7	129.4	130.1	130.8	131.5	132.2	132.9
69歳	133.6	134.3	135	135.7	136.4	137.1	137.8	138.5	139.2	139.9	140.6	141.3
70歳	142	142.7	143.4	144.1	144.8	145.5	146.2	146.9	147.6	148.3	149	149.7
71歳	150.4	151.1	151.8	152.5	153.2	153.9	154.6	155.3	156	156.7	157.4	158.1
72歳	158.8	159.5	160.2	160.9	161.6	162.3	163	163.7	164.4	165.1	165.8	166.5
73歳	167.2	167.9	168.6	169.3	170	170.7	171.4	172.1	172.8	173.5	174.2	174.9
74歳	175.6	176.3	177	177.7	178.4	179.1	179.8	180.5	181.2	181.9	182.6	183.3
75歳	184											

（株）Money&You作成

たとえば、65歳時点の年金額が月15万円（年180万円）の人が60歳まで年金を繰り上げ受給すると、年金額は24％減って月11・4万円（年136・8万円）になってしまいます。反対に70歳まで年金を繰り下げたら、年金額は42％増えて月21・3万円（年255・6万円）、75歳まで繰り下げたら年金額は84％増えて月27・6万円（年331・2万円）増える計算です。繰り上げ受給・繰り下げ受給の受給率は一度決めると生涯続きます。

年金をいつから受け取るかはとても重要な問題です。詳しくは次項以降で詳しく解説するとして、ここでは繰り上げ受給・繰り下げ受給の注意点を確認しておきましょう。年金の繰り上げ受給・繰り下げ受給を選ぶにあたっては、それぞれ気をつけておきたいポイントがあります。

●繰り上げ受給の注意点

・年金額の減額は生涯続く

繰り上げ受給も一度申請すると取り消せません。繰り上げ受給すると、本来よりも少ない額の年金を生涯受け取り続けることになります。

・繰り上げ受給は国民年金・厚生年金同時に行う

繰り下げ受給は国民年金と厚生年金を別々にできますが、繰り上げ受給は国民年金と厚生年金同時にしなければなりません。

・国民年金の任意加入ができなくなる

繰り上げ受給すると、国民年金の任意加入ができなくなるため、国民年金に未納額があっても年金が増やせなくなります。また、国民年金保険料の追納もできなくなります。

・障害基礎年金や寡婦年金の対象外になる

老齢基礎年金を繰り上げ受給すると「65歳に達した」とみなされます。そのため、繰り上げ受給したあとに所定の障害状態になっても、「65歳未満」が対象の障害基礎年金はもらえなくなります。

同様に、妻が繰り上げ受給すると寡婦年金がもらえなくなります。寡婦年金を受給しているときに繰り上げ受給すると、寡婦年金を受け取る権利も消滅します。

●繰り下げ受給の注意点

・長生きできないと損

せっかく年金を繰り下げても、長生きできなければ損になります。75歳から年金をもらおうと待機していたのに、74歳で亡くなったとなれば、本人は年金を1円ももらえないことに。がんばって繰り下げても長生きできなければ損です。

・税金や社会保険料が増える

75歳まで年金を繰り下げると確かに年金額は84％増えますが、年金額が増えることで税金・社会保険料も増えるため、手取りが84％増えるわけではありません。

・繰り下げ受給で増えない年金がある

加給年金・振替加算・特別支給の老齢厚生年金は繰り下げ受給の対象外。それどころか、加給年金や振替加算は、年金を繰り下げている間はもらえません。

・遺族年金は65歳時点の金額で計算される

年金の繰り下げ中に亡くなり、遺族が遺族年金を受け取れる場合、遺族年金を計算するときの年金額は65歳時点の金額で計算されます。遺族は繰り下げ受給の恩恵が受けられません。

もらえる金額が増やせる繰り下げ受給のほうが基本的にはお得です。しかし、繰り上げ受給にも繰り下げ受給にも注意点はありますので、よく確認・比較のうえ、最後は自分で決めることが大切です。

繰り上げ受給を選ばないほうがいい理由

前項でも紹介したとおり、年金は繰り上げ受給・繰り下げ受給によって受給率が増減します。**そして、年金の受給を一度始めると、あとはその受給率が生涯にわたって続きます**。もしも人間に寿命がなく、永遠に生きられるならば、年金は最大限に繰り下げたほうが多くの年金がもらえるようになります。しかし、人間にはもちろん寿命があります。つまり、何歳まで生きるかによって、年金をいつから受け取るのがもっともお得かが変わってくることになります。

たとえば、65歳から年金を毎年受給した場合と、年金を繰り上げ受給・繰り下げ受給した場合の「損益分岐点」は、81ページの図のようになります。

額面ベースの損益分岐点は、年金額がいくらであっても同じです。

繰り上げ受給の額面ベースの損益分岐点は、「これよりも長く生きると65歳で受給したほうがもらえる年金額が多くなる」ことを表します。たとえば、60歳から年金を繰り上げ受給した場合、80歳10か月より長生きするのであれば、65歳から受給したほうが多くの年金をもらうことができる、という意味です。
それに対して、繰り下げ受給の額面ベースの損益分岐点は、「これよりも長く生きると繰り下げ受給したほうがもらえる年金額が多くなる」ことを表します。たとえば、年金を70歳から繰り下げ受給した場合、81歳11か月より長生きしたときに年金額が65歳受給より多くなる、という意味です。なお、図からもわかるように、繰り下げ受給の場合、受給開始からおよそ12年で65歳受給の人より年金額が多くなります。

一方、手取りベースの損益分岐点は、所得・年齢・家族構成・住まいなどによって人それぞれ異なります。

たとえば、

・東京都文京区在住、独身、扶養家族なし
・65歳受給の年金額面180万円（月15万円）
・年金以外の収入なし
・所得控除は基礎控除と社会保険料のみ

繰り上げ受給・繰り下げ受給の受給率・受給額と損益分岐点

	年齢	受給率(%)	年金額面(65歳180万円)	額面ベース損益分岐点(65歳と比較)	手取りベース損益分岐点(65歳と比較)
繰り上げ受給	60歳	76.0%	136.8 万円	80歳10か月	82歳2か月
	61歳	80.8%	145.4 万円	81歳10か月	84歳3か月
	62歳	85.6%	154.1 万円	82歳10か月	87歳4か月
	63歳	90.4%	162.7 万円	83歳10か月	85歳1か月
	64歳	95.2%	171.4 万円	84歳10か月	87歳4か月
	65歳	100.0%	180.0 万円	――	――
繰り下げ受給	66歳	108.4%	195.1 万円	77歳11か月	79歳11か月
	67歳	116.8%	210.2 万円	78歳11か月	80歳11か月
	68歳	125.2%	225.4 万円	79歳11か月	81歳11か月
	69歳	133.6%	240.5 万円	80歳11か月	83歳2か月
	70歳	142.0%	255.6 万円	81歳11か月	84歳1か月
	71歳	150.4%	270.7 万円	82歳11か月	85歳1か月
	72歳	158.8%	285.8 万円	83歳11か月	86歳1か月
	73歳	167.2%	301.0 万円	84歳11か月	87歳
	74歳	175.6%	316.1 万円	85歳11か月	88歳
	75歳	184.0%	331.2 万円	86歳11か月	89歳2か月

（株）Money&You作成

こちらで計算した場合、手取りベースの損益分岐点は額面ベースの損益分岐点よりも2年ほど遅くなることがわかります。

よくみると、62歳のところだけ手取りベースの損益分岐点が遅くなっていますが、間違いではありません。65歳になると、「公的年金等控除」の控除額がそれまでの60万円から110万円にアップします。すると、62歳の年金額面154・1万円が住民税非課税世帯に該当する金額となり、住民税がかからなくなるため、65歳未満の時よりもグンと手取りが増えます。そのため、損益分岐点が遅くなっているのです。

また、80歳から100歳まで生きた場合に、額面・手取りの年金額がもっと多くなる年齢を表したのが左ページの図です。

厚生労働省の「簡易生命表（令和3年）」によると、2021年の日本人の平均寿命は男性が81・47歳、女性が87・57歳です。もしこの年齢で亡くなったとすると、男性は62歳、女性は69歳受給にすると年金額が一番多くなることがわかります。

こうお話しすると、特に男性は「年金は繰り上げたほうがいい？」と思われるかもしれませんが、違います。平均寿命はあくまで「0歳の人の平均余命（何歳まで生き

80歳から100歳まで生きた場合の「年金総額」が多い受け取り開始年齢

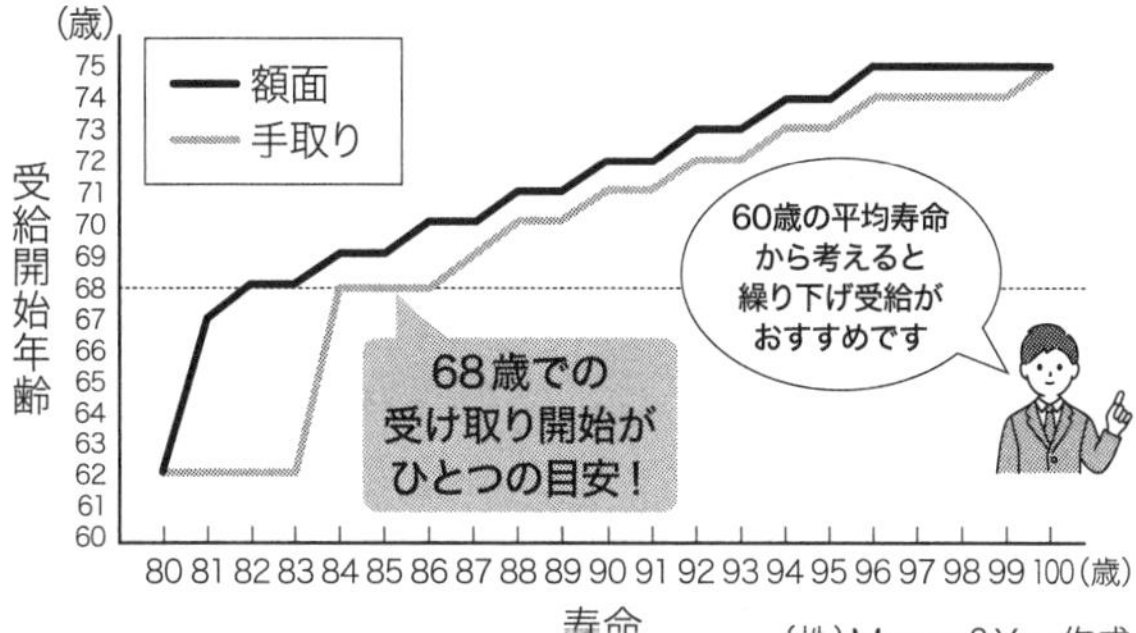

(株)Money&You作成

るか)」を示したものだからです。簡易生命表の「寿命中位数等生命表上の生存状況」によると、現時点で60歳の男性は約半数が85歳、女性は約半数が90歳まで生きる時代です。**今後も平均寿命・平均余命が延びていくことを考えると、繰り上げ受給は選ばないほうがいいことがわかります。**

年金の繰り下げ受給のひとつの目安は68歳です。寿命が84歳〜86歳のときに、手取り額がもっとも多くなります。ただし、68歳を過ぎても長く働けるなら、働いている間は繰り下げ待機をしておいて、仕事を辞めた年齢から年金を受け取り始めることで、その後の年金額を増やすことが可能です。

年金の繰り下げを行っているときに不測の事態が起きて、まとまったお金が必要になった場合、それまで受け取ってこなかった年金を最大5年分さかのぼって一括で受給できます。たとえば、65歳以降年金を繰り下げている（繰り下げ待機している）ときに、68歳時点でまとまったお金が必要になったとします。この場合、65〜68歳までの3年分の年金を一括で受け取れます。そして一括で受け取ったあとは、65歳時点の年金額が支給されます。

また、**72歳時点で年金を一括で受け取る場合、もらえるお金は最大で67〜72歳までの5年分**です。以前は、その後受け取る年金額が「65歳時点の年金額」になってしまっていましたが、2023年4月以降は「5年前みなし繰り下げ」（特例的な繰下げみなし増額制度）によって、65歳・66歳の間は繰り下げ受給をしていたとみなされるようになりました。つまり、一時金を受け取った後の年金額が67歳時点のもの（16・8％増加した金額）になります。

5年前みなし繰り下げによって、最大5年分の年金を一括で受け取る際のデメリッ

5年前みなし繰り下げ(特例的な繰下げみなし増額制度)

例)65歳で年金を年180万円受け取れる人が
　72歳から年金を受け取る場合

①72歳から年金を繰り下げて受け取る

72歳から毎年285万8400円もらえる

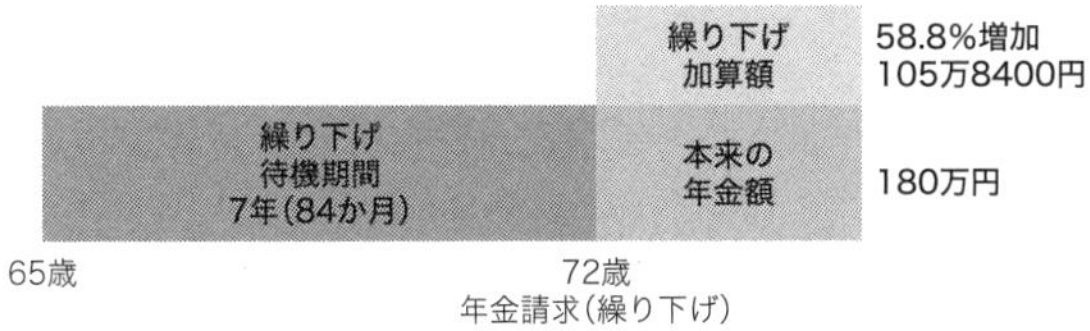

②72歳で5年分を一括受給する

72歳時点で1051万2000円を一括受給
以後は毎年210万2400円もらえる

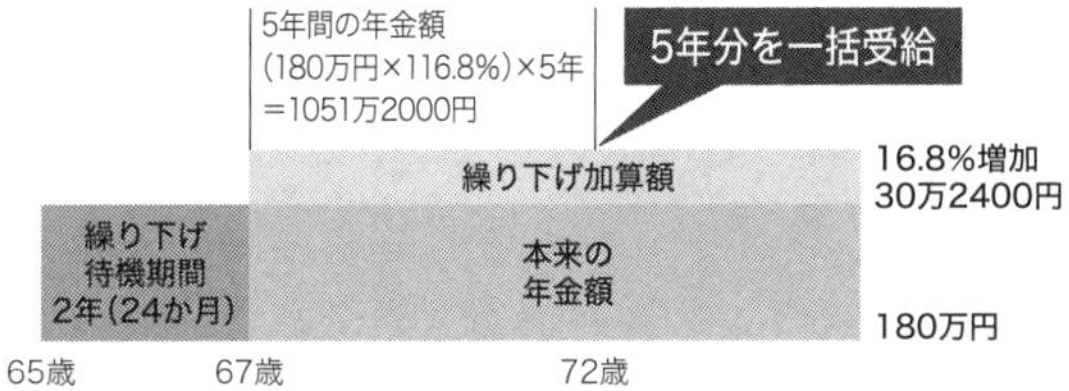

(株)Money&You作成

トが少なくなりました。年金の繰り下げ受給はあらかじめいつまでと決めておく必要はありません。基本的に繰り下げ待機をしておいて、とくに何もなければ繰り下げを続け、もしものときには一括で受け取るという具合に、上手に活用しましょう。

年金はいつからもらうのが正解？
①「会社員・公務員かつ独身」の場合

【前提条件】
・東京都文京区在住、独身、扶養家族なし
・65歳受給の年金額面180万円（月15万円）
・年金以外の収入なし
・所得控除は基礎控除と社会保険料のみ

ここからは、「**90歳まで生きた場合**」と仮定して、年金はいつからもらうのが得なのかを、働き方や家族の形の違いに合わせて考えていきます。

なお、実際に銀行に振り込まれる年金額は手取りの金額ですので、年金額は本来手取りで考える必要があります。

まずは会社員・公務員で独身の方の場合。会社員・公務員の場合、老後に国民年金と厚生年金の両方から老齢年金がもらえます。結論からいうと、72歳まで繰り下げてから年金を受け取ったときに年金額面の総額がもっとも大きくなります。

90歳まで生きた場合の年金総額「額面と手取り」
（「会社員・公務員かつ独身」）

	年齢	受給率	年金額面（65歳180万円）	年金額面総額	年金手取り総額
繰り上げ受給	60歳	76.0%	136.8 万円	4104 万円	3781 万円
	61歳	80.8%	145.4 万円	4218 万円	3903 万円
	62歳	85.6%	154.1 万円	4314 万円	4008 万円
	63歳	90.4%	162.7 万円	4393 万円	3987 万円
	64歳	95.2%	171.4 万円	4455 万円	4038 万円
	65歳	100.0%	180.0 万円	4500 万円	4056 万円
繰り下げ受給	66歳	108.4%	195.1 万円	4683 万円	4173 万円
	67歳	116.8%	210.2 万円	4836 万円	4267 万円
	68歳	125.2%	225.4 万円	4958 万円	4338 万円
	69歳	133.6%	240.5 万円	5050 万円	4373 万円
	70歳	142.0%	255.6 万円	5112 万円	4398 万円
	71歳	150.4%	270.7 万円	5144 万円	**4400 万円**
	72歳	158.8%	285.8 万円	**5145 万円**	4378 万円
	73歳	167.2%	301.0 万円	5116 万円	4333 万円
	74歳	175.6%	316.1 万円	5057 万円	4265 万円
	75歳	184.0%	331.2 万円	4968 万円	4161 万円

（株）Money&You作成

前項でも軽く触れましたが、年金額面がいくらであっても、この結論は同じです。65歳時点で180万円もらえる人の場合、72歳まで繰り下げると年金額面は58・8％増の年285・8万円（月約23・8万円）、年金額面総額は5145・1万円になります。確かに、75歳まで繰り下げたほうが1年あたりの年金の額面は多くなりますが、寿命が90歳の場合はそれよりも前、**72歳で受け取りはじめると年金をもらう年数と額面のバランスが取れて、総額が多くなる**、というわけです。

一方、表の右側は、年金額面から前提条件をもとに計算した手取り額を示しています。65歳未満・65歳～74歳・75歳以上で年金の手取り額は多少変わります。

結論として、この前提条件であれば、90歳まで受け取れる年金手取り総額を計算すると、**71歳から年金を受け取った場合に年金手取り総額が一番多くなる**ことがわかりました。

年金はいつからもらうのが正解？
②「会社員・公務員かつ共働き」の場合

　第1章の終わりに、平均的な年収の夫（妻）と専業主婦（夫）の夫婦がもらえる年金額は、平均月額22万円だとお話ししました。この年金額は「モデル年金額」といって、半世紀以上前から厚生労働省が毎年発表しています。

　確かに昔は「夫は仕事、妻は家庭」の時代で、夫が働き、妻が家庭を守るスタイルが一般的でした。しかし、もうそんな時代ではありません。

　今は、専業主婦世帯は年々減少する一方で共働き世帯が増加しています。１９９７年にその数が逆転して以降は、共働き世帯と専業主婦世帯の差は開く一方です。２０２２年時点で、共働き世帯は１２６２万世帯、専業主婦世帯は５３９万世帯。共働き世帯は専業主婦世帯の２・３倍以上もあるのです。

　つまり、日本の標準的な年金額を表しているように見えるモデル年金額は、実態にそぐわないものになっているのです。したがって共働き世帯は、自分たちの年金額を

専業主婦世帯と共働き世帯（1980年～2022年）

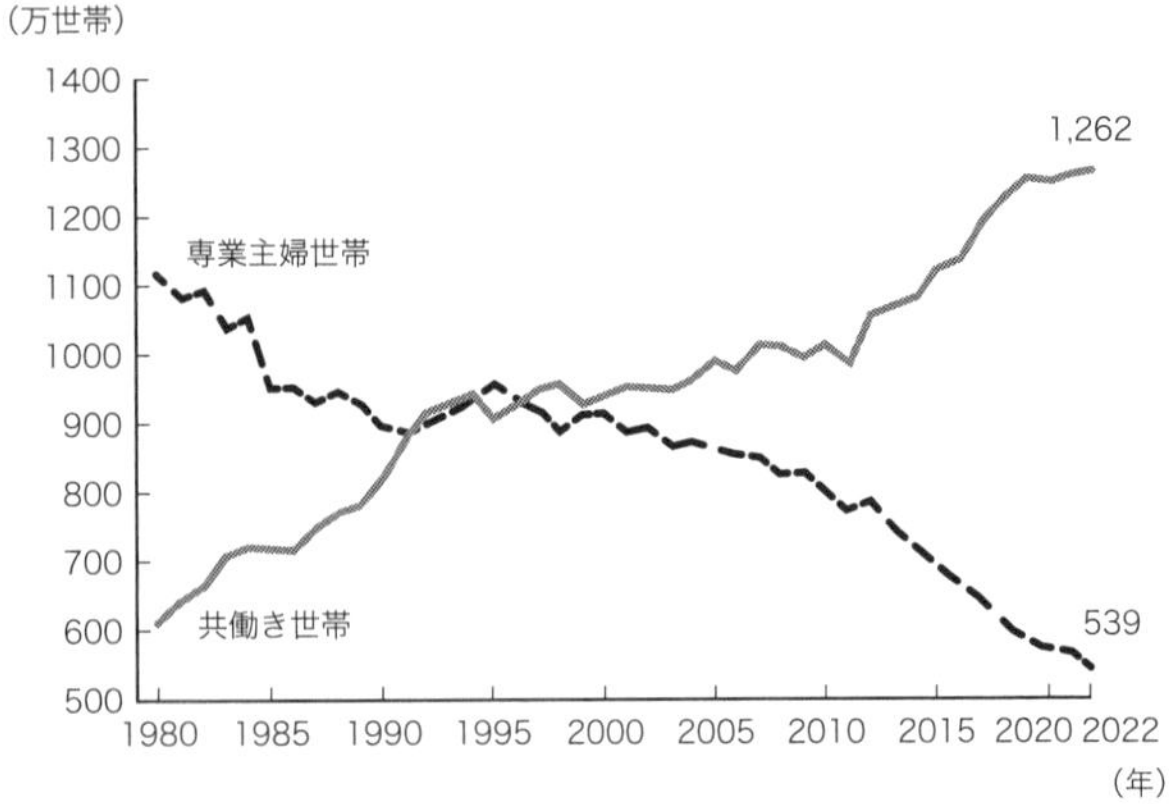

出所：独立行政法人労働政策研究・研修機構「早わかり　グラフでみる長期労働統計」

考える際にモデル年金額を意識する必要はありません。

夫だけでなく妻も会社員・公務員として働く共働き世帯では、妻も厚生年金を受け取れます。仮に、夫の65歳時点の年金額が前項と同じく月15万円、妻の65歳時点の年金額が月10万円ならば、夫婦の年金額は月25万円ですから、年金だけで世帯年収が３００万円になります。また、妻が夫と同じく月15万円の年金をもらえたら、夫婦の年金額は月30万円となり、年金だけで世帯年収が３６０万円になります。

夫婦がともに90歳まで生きた場合、

額面の年金額がもっとも多くなる年齢は前項と同じで、72歳です。

なお、**年金手取り総額が一番多くなる年齢は、額面ベースの年齢よりも「1歳」若い年歳が目安ですので、71歳**ということになります。

ただし、これは夫婦がともに90歳まで生きたときを想定した例です。仮に、夫（妻）が75歳までに亡くなった場合、妻（夫）に遺族年金の受給権が発生します。詳しくは第4章で解説しますが、遺族年金の受給権が発生すると、以後は年金の繰り下げができなくなってしまいます。65歳以前に亡くなった場合はそもそも繰り下げができなくなり、66歳以上75歳未満で亡くなった場合はその時点からの年金の繰り下げができなくなります。寿命は誰にもわからないとはいえ、早くしてパートナーが亡くなったときには、年金が思ったほど増やせなくなる可能性があることは押さえておきましょう。

夫（妻）が亡くなることで、妻（夫）は遺族厚生年金を受け取ることができます。

90歳まで生きた場合の年金額面総額（「会社員・公務員かつ共働き」）

夫

	年齢	受給率	年金額面（65歳180万円）	年金額面総額
繰り上げ受給	60歳	76.0%	136.8万円	4104万円
	61歳	80.8%	145.4万円	4218万円
	62歳	85.6%	154.1万円	4314万円
	63歳	90.4%	162.7万円	4393万円
	64歳	95.2%	171.4万円	4455万円
	65歳	100.0%	180.0万円	4500万円
繰り下げ受給	66歳	108.4%	195.1万円	4683万円
	67歳	116.8%	210.2万円	4836万円
	68歳	125.2%	225.4万円	4958万円
	69歳	133.6%	240.5万円	5050万円
	70歳	142.0%	255.6万円	5112万円
	71歳	150.4%	270.7万円	5144万円
	72歳	158.8%	285.8万円	**5145万円**
	73歳	167.2%	301.0万円	5116万円
	74歳	175.6%	316.1万円	5057万円
	75歳	184.0%	331.2万円	4968万円

妻

	年齢	受給率	年金額面（65歳120万円）	年金額面総額	夫＋妻 総額
繰り上げ受給	60歳	76.0%	91.2万円	2736万円	6840万円
	61歳	80.8%	97.0万円	2812万円	7030万円
	62歳	85.6%	102.7万円	2876万円	7190万円
	63歳	90.4%	108.5万円	2929万円	7322万円
	64歳	95.2%	114.2万円	2970万円	7426万円
	65歳	100.0%	120.0万円	3000万円	7500万円
繰り下げ受給	66歳	108.4%	130.1万円	3122万円	7805万円
	67歳	116.8%	140.2万円	3224万円	8059万円
	68歳	125.2%	150.2万円	3305万円	8263万円
	69歳	133.6%	160.3万円	3367万円	8417万円
	70歳	142.0%	170.4万円	3408万円	8520万円
	71歳	150.4%	180.5万円	3429万円	8573万円
	72歳	158.8%	190.6万円	**3430万円**	**8575万円**
	73歳	167.2%	200.6万円	3411万円	8527万円
	74歳	175.6%	210.7万円	3372万円	8429万円
	75歳	184.0%	220.8万円	3312万円	8280万円

（株）Money&You作成

しかし、遺族厚生年金の金額は妻（夫）自身の老齢厚生年金との差額のみですので、さほど多くなりません。それに、年金額の多い方（先の例では、夫）はそもそも遺族厚生年金を受け取れない可能性が高いです。

よって、共働きの場合は夫婦とも気にせずに年金を繰り下げておけばよいでしょう。

年金はいつからもらうのが正解？
③「会社員・公務員＋専業主婦（夫）」の場合

専業主婦（夫）世帯は減っているとはいえ、５００万世帯以上あります。専業主婦（夫）世帯の年金の受け取りを考える際に確認したいのが、加給年金です。

加給年金とは、厚生年金に20年以上加入している人が65歳になったとき、生計を維持する年下の配偶者がいる場合に、配偶者が65歳になるまでの間もらえるお金です。加給年金の金額は、年39万７５００円（２０２３年度）です。

たとえば、夫65歳・妻60歳の５歳差の夫婦で、条件を満たせば、妻が65歳になるまでの5年間で総額198万7500円の加給年金がもらえます。10歳差の夫婦なら倍の397万5000円。結構な金額です。

ただし、加給年金は老齢厚生年金に加算して支払われるもののため、夫が老齢厚生年金を繰り下げている間は、加給年金が支払われません。

つまり、

①65歳から老齢厚生年金と加給年金を受け取った場合

②加給年金を受け取らずに老齢厚生年金を繰り下げ受給した場合

このどちらが多く年金をもらえるのかは、夫婦の年齢差によって変わります。

たとえば、老齢基礎年金が月額6万5000円、老齢厚生年金が月額8万5000円、合計で月額15万円受け取れる夫の場合、加給年金を含めた年金の損益分岐点は左の図のようになります。

年金を繰り下げ受給したときの損益分岐点は、金額にかかわらず12年です。厳密には11年10か月ですが、ここではわかりやすく12年にしています。

加給年金を含めた年金の損益分岐点

夫が65歳から
老齢厚生年金と
加給年金をもらう場合

夫の年齢	妻の年齢	夫がもらえる加給年金総額
65歳	64歳(1歳差)	397,500円
	63歳(2歳差)	795,000円
	62歳(3歳差)	1,192,500円
	61歳(4歳差)	1,590,000円
	60歳(5歳差)	1,987,500円
	59歳(6歳差)	2,385,000円
	58歳(7歳差)	2,782,500円
	57歳(8歳差)	3,180,000円
	56歳(9歳差)	3,577,500円
	55歳(10歳差)	3,975,000円

夫が加給年金をもらわずに
老齢厚生年金を70歳まで
繰り下げる場合

繰り下げ受給の損益分岐点	加給年金の損益分岐点	繰り下げ受給の方が多くなるための年数と年齢	
繰り下げ受給の増額分(42万8400円)の方が多い			
12年	1.9 年	13.9年	83歳〜84歳
12年	2.8 年	14.8年	84歳〜85歳
12年	3.7 年	15.7年	85歳〜86歳
12年	4.6 年	16.6年	86歳〜87歳
12年	5.6 年	17.6年	87歳〜88歳
12年	6.5 年	18.5年	88歳〜89歳
12年	7.4 年	19.4年	89歳〜90歳
12年	8.4 年	20.4年	90歳〜91歳
12年	9.3 年	21.3年	91歳〜92歳

老齢厚生年金	(年額)	70歳繰り下げ受給	繰り下げ受給増加分
85,000円	1,020,000円	1,448,400円	428,400円

※加給年金は2023年度の金額　　　　(株)Money&You作成

老齢厚生年金を65歳から受け取るときの年金額は年額で102万円、70歳まで繰り下げたときの年金額は年額で144万8400円です。つまり、70歳からの繰り下げ受給で増額する分は、42万8400円となります。加給年金の金額を繰り下げ受給で増えた金額で割ると、加給年金の損益分岐点が計算できます。

たとえば、3歳差の夫婦の場合、繰り下げ受給の損益分岐点と加給年金の損益分岐点の年数を合計すると、14・8年になります。つまり、84歳〜85歳を超えると、加給年金をもらうよりも老齢厚生年金を繰り下げたほうがいいということです。同様に、5歳差ならば86歳〜87歳、8歳差ならば89歳〜90歳が損益分岐点となります。

日本人の平均寿命は男性が81・47歳、女性が87・57歳とはいえ、男性は半数が85歳まで生きる時代です。今後も寿命が延びることを踏まえると、**5歳差程度までであれば繰り下げ受給のほうが有利でしょう。反対に、それ以上の歳の差のある夫婦ならば、加給年金をもらったほうがお得になる**と考えられます。

なお、妻が年上で、年下の夫が扶養している家族ももちろんあるでしょう。加給年金の条件は「年下の配偶者」ですから、この場合は加給年金をもらうことはできません。

しかし、夫が65歳になった時点で翌月から妻に「振替加算」が加算されます。振替加算の金額は、妻の生年月日により変わります。ただし、1966年4月2日生まれ以降の妻は振替加算がもらえません。詳しくは第4章で改めて解説します。

年金はいつからもらうのが正解？
④「自営業」「専業主婦（夫）」の場合

ここまでは、会社員・公務員といった厚生年金の受け取れる人を対象に紹介してきましたが、それ以外の**フリーランス・個人事業主といった自営業の方や専業主婦（夫）の方は、国民年金しか受け取ることができません**。

国民年金の満額は、年79万5000円です（2023年度・67歳以下）。**90歳まで生きるとした場合に、年金額がもっとも多くなるのは、72歳のとき**です。

夫婦ともに自営業、自営業＋専業主婦（夫）の場合は、99ページの図が2つあると考えてください。

国民年金も繰り下げることで年金額は増加します。しかし、ここまで紹介してきた会社員・公務員と比べると、その金額はずっと少ないことがわかるでしょう。

個人事業主には、定年がありません。スキルが高く、社会に必要とされる存在であり続ければ、60代になったところで年収が大きく下がるといったこともないでしょう。収入がきちんと得られる仕事があるのならば、年金額もそこまで多くなくてもいいのかもしれません。

しかし、いつまでも仕事があり続ける保証などありませんし、年齢が上がれば上がるほど体調を崩すリスクや、働けなくなるリスクが高まります。詳しくは次項で紹介しますが、老後にもらえるお金を増やす対策をして、老後の不安を少しでも取り除くようにしましょう。


第1章でも解説したとおり、自営業の夫が亡くなったときには、妻は寡婦年金と死亡一時金のどちらかを受け取ることができます。ただし、**年金は「申請主義」といっ**

90歳まで生きた場合の年金額面総額（「自営業」「専業主婦（夫）」）

	年齢	受給率	年金額面（65歳79.5万円）	年金額面総額
繰り上げ受給	60歳	76.0%	60.4万円	1813万円
	61歳	80.8%	64.2万円	1863万円
	62歳	85.6%	68.1万円	1905万円
	63歳	90.4%	71.9万円	1940万円
	64歳	95.2%	75.7万円	1968万円
	65歳	100.0%	79.5万円	1988万円
繰り下げ受給	66歳	108.4%	86.2万円	2068万円
	67歳	116.8%	92.9万円	2136万円
	68歳	125.2%	99.5万円	2190万円
	69歳	133.6%	106.2万円	2230万円
	70歳	142.0%	112.9万円	2258万円
	71歳	150.4%	119.6万円	2272万円
	72歳	158.8%	126.2万円	**2272万円**
	73歳	167.2%	132.9万円	2260万円
	74歳	175.6%	139.6万円	2234万円
	75歳	184.0%	146.3万円	2194万円

（株）Money&You作成

て、自分で申請しないともらえません。条件を満たしたからといって、自動的に年金が振り込まれることはないのです。申請を忘れていればもらえるお金ももらえなくなってしまいますので、該当する場合は必ず申請しましょう。

寡婦年金は、国民年金に加入していた夫が年金を受け取る前に亡くなったときに、夫が受け取るはずの年金額の一部を受け取れる制度です。保険料納付済期間と保険料免除期間の合計が10年以上のとき、婚姻期間が10年以上の妻が60歳〜65歳になるまでもらうことができます。受給できる年金額は、夫の加入期間のみで計算した老齢基礎年金の4分の3となります。

ただし、夫が老齢基礎年金や障害基礎年金を受給したことがある場合、妻が老齢基礎年金を繰り上げ受給している場合は、寡婦年金を受給できません。また、亡くなってから5年以内に請求しないと受給できなくなります。

なお、妻が亡くなったときに夫がもらえる「寡夫年金」のような制度はありません。その意味では、差別的な制度かもしれません。自営業（妻）＋専業主夫の場合、より備えが必要と言えます。

死亡一時金は、保険料納付済期間が36か月以上（3年以上）ある人が亡くなったとき、生計を同じくしていた遺族（1・配偶者、2・子、3・父母、4・孫、5・祖父母、6・兄弟姉妹の中で優先順位の高い方）がもらえるお金です。死亡一時金の金額は、保険料の納付月数に応じて12万円〜32万円。夫が付加保険料も36か月以上納めていたときは、死亡一時金に8500円が加算されます。

ただし、死亡一時金も亡くなった方が老齢基礎年金や障害基礎年金を受給したことがある場合は、死亡一時金を受給できません。また、死亡一時金は死亡した日の翌日から2年以内に請求しないと受給できなくなります。

寡婦年金・死亡一時金の申請は、お住まいの市区町村の役場の窓口、または年金事務所・街角の年金相談センターで行います。これらの窓口に備え付けられている寡婦年金または死亡一時金の年金請求書に必要事項を記載し、

・基礎年金番号のわかる書類（基礎年金番号通知書・年金手帳など）
・戸籍謄本・世帯全員の住民票の写し
・亡くなった方の住民票の除票（住民票に含まれていれば不要）
・請求者の収入が確認できる書類（マイナンバーを記入すれば不要）
・寡婦年金を受け取る金融機関の通帳など

などを添えて提出します。このほかにも書類が必要になる場合があるので、詳しくは窓口にご確認ください。

このほか、18歳の年度末を迎えるまでの子（所定の障害がある場合20歳未満の子）がいれば遺族基礎年金も受け取れます。

自営業・フリーランスをカバーする私的年金、退職金制度

自営業・フリーランスには厚生年金がないため、老後の備えが手薄になりがちです。

また、夫婦のうちどちらかが亡くなった場合には、年金額がさらに減ってしまいます。それをカバーするために利用したい制度があります。

●付加年金

付加年金は、**毎月納める国民年金保険料に「付加保険料」を上乗せすることで、将来もらえる年金額を増やせる制度**です。月額400円の付加保険料を支払うと「200円×付加保険料納付月数」の分だけ年金額が増えます。付加保険料は全額が所得控除の対象になるため、所得税や住民税を安くすることができます。

付加年金は、国民年金と同じく生涯もらうことができますので、2年以上付加年金をもらえば元を取ることが可能。3年目からは長くもらうほどお得になります。

付加保険料を36か月以上納めた方が亡くなった場合、死亡一時金に8500円が加算されます。

●国民年金基金

国民年金基金は、**国民年金にプラスして加入できる年金制度。お金を積み立てることで、会社員・公務員の厚生年金にあたる年金を用意できる制度**です。

国民年金基金は終身年金が基本で、1口目は終身年金A型かB型のどちらかを選びます。2口目以降は終身年金A型・B型、確定年金I型からV型の7種類の中から希望する型と口数を選んで加入します。国民年金基金の掛金の上限は月額6万8000円で、口数単位で調整できます。国民年金基金で積み立てたお金も付加保険料と同様、すべて所得控除の対象になるため、所得税や住民税の負担を減らすことができます。

国民年金基金を受け取る前に亡くなった場合、加入時の年齢、死亡時の年齢、死亡時までの掛金納付期間に応じた額の遺族一時金が受け取れます。また、国民年金基金の保証期間中になった場合、残りの保証期間に応じた額の遺族一時金が受け取れます。

なお、付加年金と国民年金基金は、どちらか片方にしか加入できません。後述する「iDeCo（イデコ・個人型確定拠出年金）」と同時に加入することはできます。付

国民年金基金と付加年金

国民年金基金	
自営業・フリーランスで働いている人が国民年金に上乗せして年金を受け取れる制度。毎月掛金を納めることで、会社員・公務員の厚生年金にあたる年金を用意できる。掛け金全額が所得控除。	
対象	国民年金第1号 被保険者
掛金	月額最大 6万8,000円
受取額	月額1万～2万 （50歳までに 1口加入時）
備考	・付加年金と併用できない ・iDeCoと掛金枠を共有

付加年金	
国民年金保険料に月400円上乗せするだけで、65歳からの老齢年金に200円×納付月数の金額がプラス。付加年金保険料を2年で回収でき、その後は年金をもらうほどお得になる制度。掛金全額が所得控除。	
対象	国民年金第1号 被保険者
掛金	月額 400円
受取額	200円× 付加年金保険料 納付月数
備考	・国民年金基金と併用できない ・iDeCoと掛金枠を共有

（株）Money&You作成

加年金または国民年金基金とiDeCoを併用するとき、掛金の上限は両制度合わせて月額6万8000円です（確定拠出年金の掛金は1000円単位なので、付加年金と同時に加入する場合のiDeCoの掛金上限は月額6万7000円となります）。

●小規模企業共済

小規模企業共済は、**個人事業主や小規模な企業の経営者・役員などがお金を積み立てて、将**

来事業を廃止したときの「退職金」を作る制度です。掛金は月々１０００円～７万円までで、５００円単位で設定可能です。

小規模企業共済では、毎年支払った掛金が全額所得控除の対象となるため、所得税・住民税を減らすことができます。また、掛金の範囲内（掛金納付月数により掛金の７～９割）で事業資金などの貸付制度を利用可能。貸付利率も年０・９％～１・５％と低利率なので、万が一の時にも役立ちます。

小規模企業共済の加入者が亡くなった場合、遺族は「共済金A」を受け取ることができます。共済金Aの金額は、納めていた掛金の金額によって異なります。たとえば、掛金額１万円で20年間（掛金合計額２４０万円）納付していた場合、共済金Aの金額は２７８万６４００円となっています。

小規模企業共済

加入資格		従業員20名（商業とサービス業は5名） 以下の個人事業主・企業の投資
掛金	掛金	1,000円〜7万円 （500円単位で自由に選択可能）
掛金	掛金額の変更	可能 （停止も可能）
掛金	所得控除の上限	全額
受取時	受取のタイミング	・事業をやめたとき ・65歳以上で180か月以上払い込んだとき
受取時	税制優遇	退職所得控除・公的年金等控除
運用利率		・掛金納付から25年目まで　1.5％ ・26年目以降　1.5〜1.0％（段階的に減少） ・35年目以降　1.0％
貸付制度		・一般貸付制度（利率年1.5％） ・緊急経営安定貸付（利率年0.9％） ・傷病災害時貸付（利率年0.9％）など
途中解約		可能 （240か月未満での任意解約は元本割れ）

iDeCoとも併用可能

掛金が全額所得控除。最大で年84万円所得を差し引けるため、その分税金を安くできる

受け取るときにも税制優遇がある

利率の低い貸付制度も役立つ

（株）Money&You作成

●ｉＤｅＣｏ（イデコ・個人型確定拠出年金）

ｉＤｅＣｏは**自分で出した掛金を自分で運用し、その結果を60歳以降に受け取る制度**です。将来の受給額は運用次第で、増えることもあれば減ることもあります。掛金は毎月５０００円からで、１０００円単位で増額できます。掛金の上限は働き方や企業年金などにより異なります。自営業者やフリーランスなど、国民年金の第１号被保険者は月額６万８０００円（年額81万６０００円）まで出すことができます。

ｉＤｅＣｏのメリットは、掛金の「拠出時」「運用時」「給付時」の３つのタイミングで税制優遇が受けられることです。

ｉＤｅＣｏで拠出した掛金は、全額が「小規模企業共済等掛金控除」という所得控除の対象です。所得控除とは、税金の計算のもとになる「所得」から掛金の分を差し引く（控除）ことです。税金の額は、所得控除をしたあとの所得（課税所得）に税率をかけて計算します。ですから、所得控除になることで、毎年の所得税や住民税を安くできます。

加えて、iDeCoの運用で得られた利益には税金がかからないためお得です。得られた利益を運用に回すことで、お金が新たなお金を生み出す複利効果がより効率良く得られます。

さらに、給付時には「退職所得控除」「公的年金等控除」という所得控除を利用することで、税金を節約することができます。なおiDeCoの受け取り方については、第5章で改めて扱います。

iDeCoの加入者が亡くなった場合は、遺族が死亡一時金を受給できます。事前に指定している死亡一時金受取人がいればその人、死亡一時金受取人の指定がない場合は次の順位のうちもっとも高い人が死亡一時金を受け取ります。

1位　配偶者（事実上婚姻関係と同様の事情にあった者を含む）
2位　子、父母、孫、祖父母および兄弟姉妹であって、死亡時に主としてその収入によって生計を維持していた者
3位　2位以外で、死亡当時、主としてその収入によって生計を維持していた親族

4位　子、父母、孫、祖父母および兄弟姉妹であって、2位に該当しない者
※同じ順位の人がいる場合は、上の記載の順番により順位が定められます。
※子が2人いるなど、同じ順位の人が複数いる場合、死亡一時金はその人数で等分します。

ｉＤｅＣｏの死亡一時金は、ｉＤｅＣｏで投資している投資信託などを所定の日に売却し、現金化したお金を受け取ります。また、ｉＤｅＣｏの死亡一時金は「みなし相続財産」として、法定相続人1人につき500万円まで非課税で受け取れます。

ｉＤｅＣｏの資産を死亡一時金として受け取るには、遺族からｉＤｅＣｏの運営管理機関に「加入者等死亡届」、記録関連運営管理機関に「死亡一時金裁定請求書」を提出する必要があります。ただ、5年間この手続きが行われないと、ｉＤｅＣｏの資産は「相続人のいない相続財産」とみなされ、国庫に帰属することになってしまいます。ですから、必ず亡くなってから5年以内に手続きするようにしましょう。

第3章

やはり足りない！　足りない分はどうするの？

定年後に必要なお金を試算してみよう

定年後に必要となる生活費は、大きく分けて3つあります。

①日常生活費…食費、通信費、被服費、水道光熱費など、日常生活に必要なお金
②一時的な出費…将来叶えたい夢や目標のためのお金、旅行や贅沢など豊かな暮らしに必要なお金
③医療費や介護費…ケガや病気の治療、介護のために必要なお金

①の日常生活費は、金額の多少はあれ誰でも必要なお金です。一方、②の一時的な出費は、なくても生活はできますが、このお金がないと寂しい老後になるかもしれません。そして③の医療費・介護費は、実際にいくらかかるのかは人により大きく異なります。ただ、後で触れますが、**公的制度が充実しているので、まずは公的制度を優先して利用し、不足分は貯蓄で補う**ことを考えます。

高齢無職世帯(夫婦)の1か月の収入と支出の平均

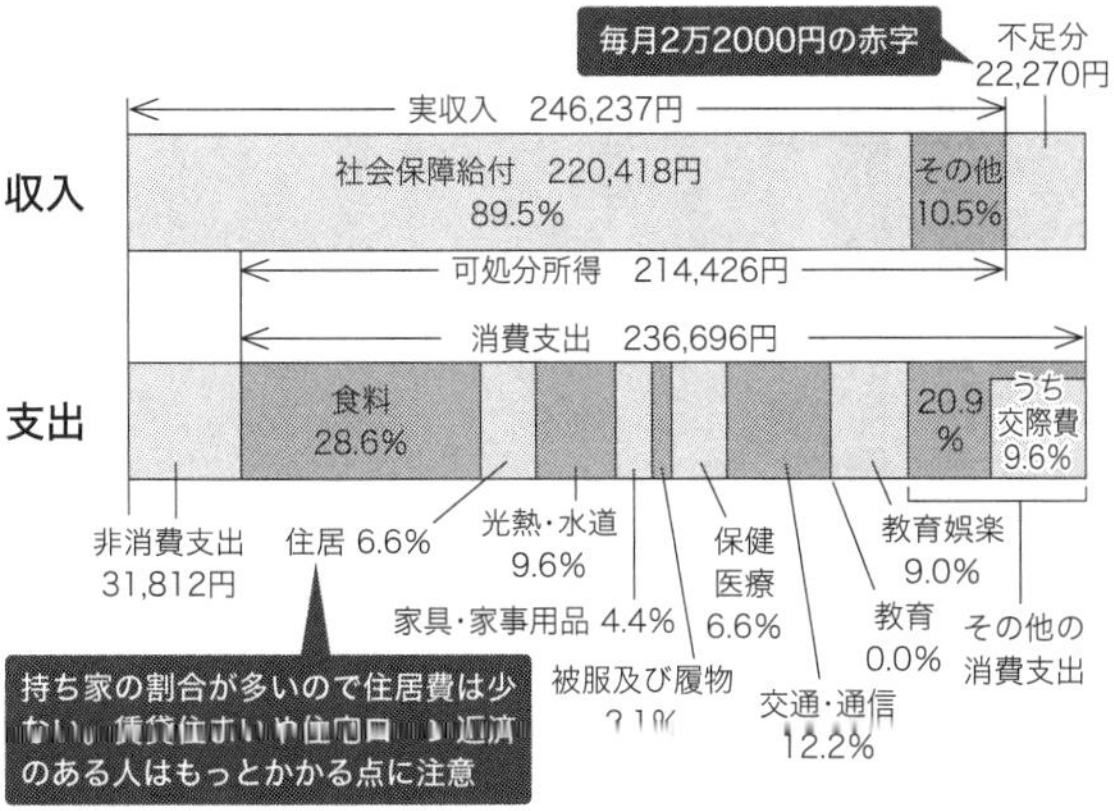

不足する日常生活費…2.2万円×12か月×30年＝**792万円**

高齢無職世帯(シングル)の1か月の収入と支出の平均

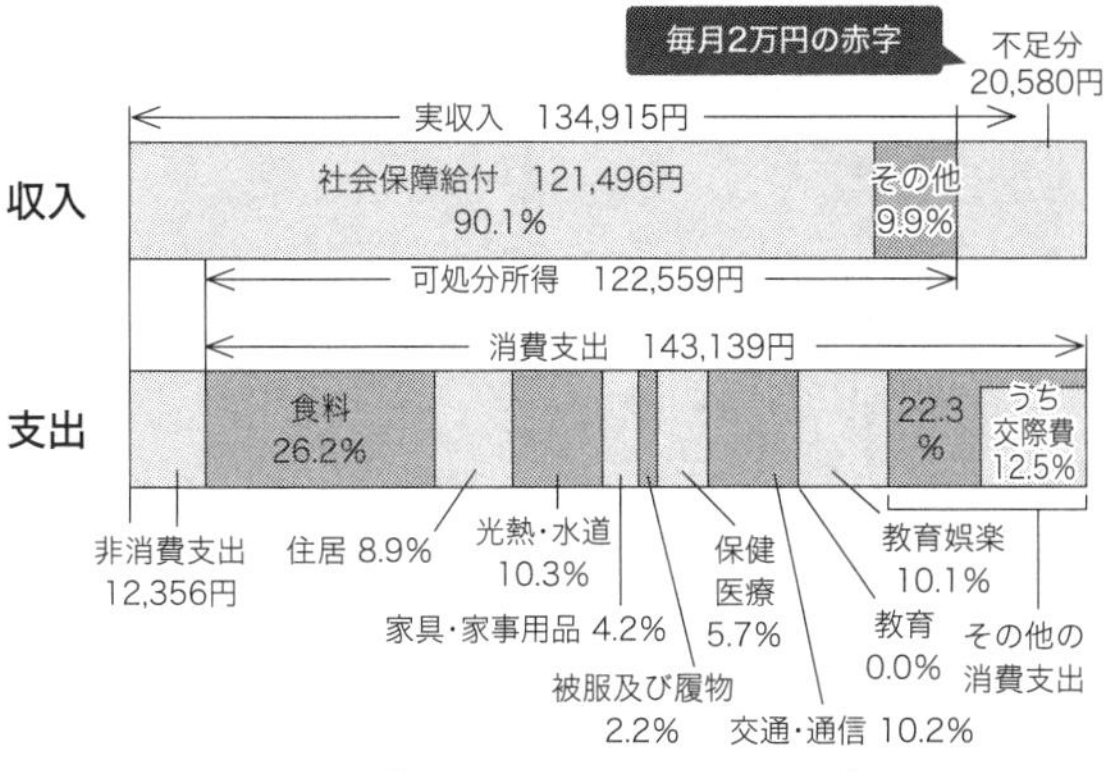

不足する日常生活費…2万円×12か月×30年＝**720万円**

総務省「家計調査報告」(2022年)を元に(株)Money&You作成

実際、高齢無職世帯の老後の生活費はどうなっているのでしょうか。２０２２年の家計調査を利用して、１か月の生活費の平均と、定年後にかかる生活費の目安を考えてみましょう。

高齢夫婦無職世帯の毎月の実収入の平均額は24万６２３７円、支出の合計（消費支出＋非消費支出）は26万８５０８円ですから、毎月の収入より支出が約２万２０００円多くなっています。同様に、高齢単身無職世帯の毎月の実収入の平均額は13万４９１５円、支出の合計は15万５４９５円ですから、毎月の収入より支出が約２万円多くなっています。

この収入・支出が仮に65歳から95歳までの30年間続いたとすると、生活費の不足額は夫婦世帯で７９２万円、単身世帯で７２０万円になります。

なお、**家計調査の住居費は持ち家の人が多いこと、また住宅ローン返済があってもその金額はこの費目に含まれていないため、安くなっている**ことに注意しましょう。賃貸住まいの人や住宅ローン返済のある人はその分住居費が多くなります。

また、家計調査の支出金額はあくまで普段の支出です。将来、ケガや病気で入院したり、介護が必要になったりすることがあるかもしれません。家計調査には、もしもに備えるお金やゆとりある老後の生活費が含まれていないのです。もしもに備えるお金の目安は、1人500万円程度です。この金額と生活費の不足額を合計すると、**夫婦世帯では約1800万円、単身世帯では約1300万円が用意しておきたい老後資金の目安**といえます。

家計調査の毎年のデータを見ると、生活費の不足額は毎年変わっています。ですから、この金額もあくまで「2022年時点の平均的な生活」の金額には過ぎませんが、年金だけでは生活費が足りないことはわかるでしょう。

もっとも、平均よりも気になるのは、自分の老後の生活費がいくらかかるかと、老後に必要な金額の目安でしょう。同じく家計調査（2022年）によると、70歳以上の生活費は現役世代（50〜59歳）の生活費の65・8％となっていますので、**老後の生活費は今の生活費の7割と見込んでおけばいいでしょう**。これを12倍した「老後の年

基本生活を送るための老後資金の計算式

現在（現役時代）の年間支出＿＿円×0.7

＝老後の年間支出＿＿円①

（70代の生活費は50代の生活費の約7割。現役時代の70％で計算）

老後の年金額＿＿＿円② ◀ 第1章のねんきん定期便を参照

（①−②）＿＿＿円×老後の年数＿＿＿年

＝最低限必要な老後資金＿＿＿円③

老後の年数は「30年」など長期で見積もる

③＋医療費・介護費

（夫婦なら1000万円・シングルなら500万円）

＝用意しておきたい老後資金額＿＿＿円④

ゆとりある老後を送るための老後資金の計算式

最低日常生活費に加えて毎月16万円の上乗せ

毎月16万円×12か月×＿＿＿年間＝＿＿＿円⑤

ゆとりある老後資金の合計額（④＋⑤）＿＿＿円

（株）Money&You作成

間支出」から、第1章で確認した年金額を含む「老後の年間収入」を引き、「収入で足りない金額×老後の年数」が、老後に必要な生活費になります。

さらに、**医療費や介護費として、シングルなら５００万円、夫婦なら１０００万円を見込んでおきましょう**。この合計が、基本生活を送るために用意しておきたい老後資金額の目安になります。

また、第1章でお話しした「ゆとりある老後」の金額も加えてみましょう。老後の生活費にゆとりを上乗せした**「ゆとりある老後生活費」は平均38万円で、年金額に16万円上乗せする必要がありました。仮に、月16万円の上乗せを10年間作るとすると、１９２０万円必要です**。ゆとりある老後を送りたいのであれば、この金額も加えて老後資金を見積もっておきましょう。

家計の状態をバランスシートで確認しよう

　自分の財産の全体像を把握するために、資産と負債をまとめたバランスシート（貸借対照表）を作りましょう。バランスシートは、現時点の資産と負債、そして資産から負債を引いた純資産がいくらあるかを調べるためのものです。バランスシートを見ることで、家計が健全かどうかわかります。バランスシートは左ページの図のように、表の左側に資産、右側に負債と純資産を記載して作成します。

「資産」には、現金や預金といったお金や、貯蓄型の保険・株式・債券・投資信託・住宅などといったお金に交換できるものを記載します。書画骨董、ブランド物のバッグや時計なども資産と言えるわけですが、あまりにも細かいと手間がかかるので、金額の大きいものに限定しても良いかもしれません。

　現金や預金が今いくらあるかはわかりやすいですが、そのほかの資産は現時点の金額を調べて書くのがポイントです。貯蓄型の保険なら解約した場合のお金（解約返戻金）、株式・債券・投資信託といった金融商品なら現時点の金額（評価額）、住宅や車

バランスシートの例

お金かお金に交換できるもの
（現金や有価証券など）

これから支払うお金
（各種ローンなど）

資産		負債	
現金	万円	住宅ローン	万円
普通預金	万円	自動車ローン	万円
定期預金	万円	カードローン	万円
貯蓄型保険	万円	その他	万円
株式	万円	②負債合計	万円
債券	万円	純資産（①－②）	
投資信託	万円		
その他投資	万円		
住宅	万円		
車	万円		
その他資産	万円		
①資産合計	万円		万円

資産合計から負債合計を引いた金額。
個人の純粋な資産といえる

理想の比率は
純資産が
50%以上

（株）Money&You作成

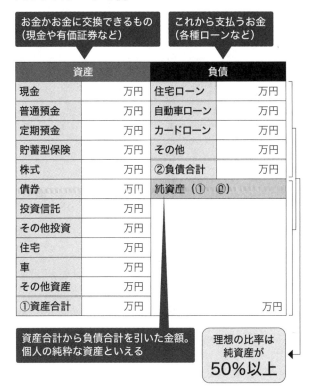

などはそれを売却した場合の金額（市場価格）を記載します。ウェブサイトなどで、同様の条件のものがどのくらいで売られているかを見ると参考になります。

「負債」は、これから支払わなければいけないお金のことです。住宅ローン・自動車ローン・カードローンといったローンは右側にまとめて記載します。

そして「純資産」は、資産合計から負債合計を引いた金額です。本当の意味で自分の財産といえるのは、この純資産です。

資産の合計と負債・純資産の合計は一致することから、バランスシートと呼ばれます。**資産・負債・純資産をまとめると、財産の状態がすぐにわかります。**

大切なのは、毎月の収入と支出からは見えない、資産と負債のバランスを確認すること。いくら資産が多くても、負債も多くて純資産が少ないと、手元に残るお金は少なくなります。収入がしっかりしているうちはまだ負債を返すことができますが、定年を迎えるなどして収入が減ると、返済にあてるお金が不足するため、家計は途端に苦しくなってしまいます。さらに万が一、純資産がマイナスになっている（純資産の比率がマイナス）ならば、資産をすべて負債の返済にあてても返しきれない「債務超過」の状態に陥っています。

また、純資産がプラスでも、その割合が年々減っていくようであれば、いずれ債務超過になってしまいます。この状態が続く限り、お金は貯まりません。まずはローンの借り換えや繰り上げ返済などをして負債を減らすことから検討しましょう。

さらに、**資産と負債のバランスもチェックしましょう**。たとえ収入が少なくても、資産が多くて負債が少なければ、家計はそれほど苦しくなりません。理想をいえば、純資産の比率はできれば50％以上欲しいところです。

病気と介護にかかるお金はまず公的制度を活用

これまで何度となく、病院や薬局のお世話になってきたことでしょう。しかしもし今70歳未満ならば、まだ生涯の医療費の半分も支払っていないといったら、驚く方もいるかもしれません。

厚生労働省「医療保険に関する基礎資料」（2020年度）によると、1人あたりの生涯医療費はおよそ2700万円。そして、そのうち約半分は70歳未満、もう半分は70歳以上でかかっています。つまり、**70歳以上の医療費は1350万円くらいかかる**のです。高齢になると、病気やケガをしやすくなるものです。入院・退院を繰り返したり、治療に時間がかかったりするのは、仕方のないことかもしれません。

もっとも、1350万円をすべて自費で負担する必要はありません。健康保険があるため、**70歳以上の医療費は原則2割負担、75歳以上の医療費は1割負担**となるからです（所得によっては2割・3割負担もあり）。そのうえ、**毎月の医療費が自己負担の上限を超えた場合は、高額療養費制度を利用することで超えた分が戻ってきます。**

また、医療費だけでなく介護費用がかかる場合もあります。自分の介護より前に、親の介護にお金がかかる人もいるでしょう。

生命保険文化センター「生命保険に関する全国実態調査」（2021年度）によると、**介護費用の平均は、一時費用が74万円、毎月の費用が8・3万円。また、平均的な介護期間は5年1か月ですので、すべて合計すると約580万円かかる計算**です。

生涯医療費（男女計）（令和2年度推計）

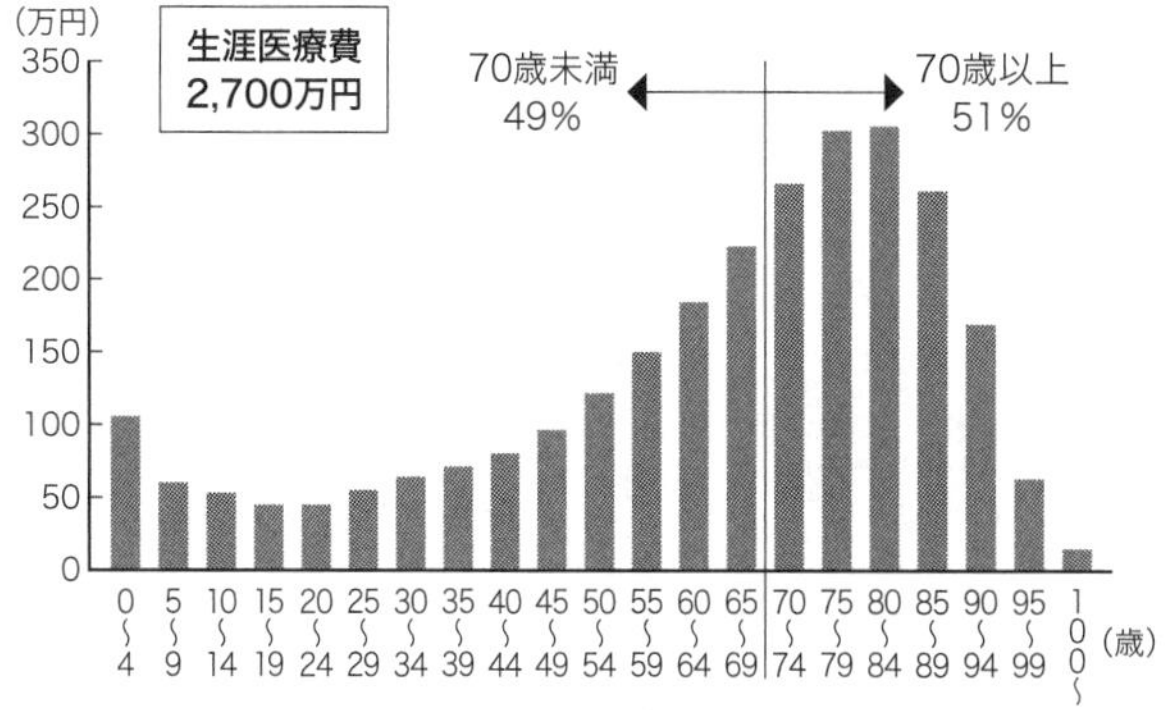

厚生労働省「医療保険に関する基礎資料〜令和２年度の医療費等の状況〜」を元に（株）Money&You作成

しかし、**介護費用も公的介護保険によって1〜3割の負担で済みます。**さらに、介護費用が高額になった場合は「高額介護（予防）サービス費」や「高額医療・高額介護合算療養費制度」といった制度を利用することで抑えることができます。そして何より、**親の介護の費用であれば親の収入・資産から出すこともできる**でしょう。

病気になったり、介護が必要になったりした際に保険金が受け取れる民間の医療保険や介護保険もありますが、公的な医療保険や介護保険は意外と充実しています。医療費や介護費はもちろんかかるのですが、一度に支払うお金はそれほど高額ではありません。普段から貯蓄をきちんとしていれば、十分まかなえる金額です。

それに、民間の介護保険では、所定の要介護状態になっても保険会社独自の基準を満たさない場合には保険金が受け取れないケースもあるのです。いざ介護が始まったというときに介護保険が利用できないのでは、保険料の無駄です。まずは公的な制度を活用することを優先しましょう。

「高額療養費制度」で自己負担を減らす

日本では「国民皆保険」といって、原則すべての国民が健康保険制度に加入します。病気やケガで医療機関にかかるとき、保険証を提示すると医療費の自己負担額は最大でも3割で済みます。しかし、3割負担であっても、入院や通院が長引けば医療費の負担が大きくなってしまいます。この負担を減らせる制度が高額療養費制度です。

高額療養費制度は、**毎月1日から末日までの1か月の医療費の自己負担額が上限を**

超えた場合に、その超えた分を払い戻してもらえる制度です。自己負担額の上限は、年齢が70歳未満か70歳以上か、所得の水準がいくらかによって変わります。

たとえば、年収１８０万円の70歳未満の方が入院・手術などをして、１か月の医療費が１００万円かかり、３割負担で30万円を支払ったとします。こんな場合でも、高額療養費制度の申請をすればこの方の自己負担限度額は５万７６００円で済みます。残りの約24万円は、後日払い戻されます。

さらに、過去12か月以内に３回以上自己負担額の上限に達した場合は「多数回該当」となり、４回目から自己負担限度額の上限が下がります。先の年収１８０万円の方なら、自己負担限度額は４万４４００円になるのです。

先に医療費を立て替えるのが厳しい場合は「限度額適用認定証」を申請することで、自己負担分だけの支払いだけで済ませることもできます。なお、**マイナンバーカードを保険証として利用する「マイナ保険証」で受診すれば、限度額適用認定証の申請手続きをしなくても自己負担分だけの支払いですみます。**

高額療養費制度の自己負担限度額

●70歳未満

区分	自己負担限度額	多数回該当
年収約1,160万円～ 健保:標準報酬月額83万円以上 国保:所得901万円超	252,600円+(総医療費−842,000円)×1%	140,100円
年収約770万円～約1,160万円 健保:標準報酬月額53万円～79万円 国保:所得600万～901万円	167,400円+(総医療費−558,000円)×1%	93,000円
年収約370万円～約770万円 健保:標準報酬月額28万円～50万円 国保:所得210万～600万円	80,100円+(総医療費−267,000円)×1%	44,400円
年収156万円～約370万円 健保:標準報酬月額26万円以下 国保:所得210万円以下	57,600円	44,400円
住民税非課税世帯	35,400円	24,600円

●70歳以上

適用区分		外来(個人ごと)	ひと月の上限額(世帯ごと)
現役並み	年収約1,160万円～ 標報83万円以上／ 課税所得690万円以上	252,600円(医療費−842,000)×1%(多数回該当 140,100円)	
現役並み	年収約770万円～約1,160万円 標報53万円以上／ 課税所得380万円以上	167,400円(医療費−558,000)×1%(多数回該当 93,000円)	
現役並み	年収約370万円～約770万円 標報28万円以上／ 課税所得145万円以上	80,100円(医療費−267,000)×1%(多数回該当 44,400円)	
一般	年収156万円～約370万円 標報26万円以下 税所得145万円未満等	18,000円(年14万4000円)	57,600円(多数回該当 44,400円)
住民税非課税等	II 住民税非課税世帯	8,000円	24,600円
住民税非課税等	I 住民税非課税世帯(年金収入80万円以下など)	8,000円	15,000円

(株)Money&You作成

ただし、高額療養費制度には対象外の費用もあります。たとえば、入院中の食事代、差額ベッド代、先進医療にかかる費用などです。

入院中の食事代は「標準負担額」といって、基本的に1食あたり460円です。もしも1か月入院したら約4万円かかります。

差額ベッド代とは、希望して個室や4人までの少人数部屋に入院した場合にかかる費用です。金額は人数や病院によっても異なりますが、中央社会保険医療協議会の「主な選定療養に係る報告状況」(令和3年7月)によると、差額ベッド代の1日あたり平均徴収額は6613円。個室は8315円と高いのですが、2人部屋は3151円、3人部屋は2938円、4人部屋は2639円と、金額に開きがあります。

先進医療とは、厚生労働大臣が認める高度な技術を伴う医療のことです。**先進医療の治療費は健康保険の対象外なので、全額自己負担です。**

もっとも、食事代や差額ベッド代は確かにかかりますが、そこまで高い金額ではありません。貯蓄をしっかりしておけば、十分まかなえる金額です。

また、先進医療の費用は、がんの陽子線治療や重粒子線治療などは数百万円しますが、数万円から数十万円で済む治療もあります。そして厚生労働省「令和4年6月30日時点で実施されていた先進医療の実績報告について」によると、先進医療を受けた患者数は2万6556人ですから、日本の人口（1億2500万人）で割ると先進医療が必要になる確率はわずかに0・02％です。この費用をあえて医療保険やがん保険で用意する必要はないと考えます。

「高額介護（予防）サービス費」「高額医療・高額介護合算療養費制度」で自己負担をさらに減らす

介護サービスを利用し、1か月の自己負担額が一定の上限額を超えた場合に、その超えた部分が戻ってくる「高額介護（予防）サービス費」という制度があります。

高額介護サービス費の上限額は住民税の課税される世帯（現役並み所得者がいる世

高額介護サービス費の負担限度額

区分	負担の上限額（月額）
課税所得690万円（年収約1160万円）以上	14万100円（世帯）
課税所得380万円（年収約770万円）〜課税所得690万円（年収約1160万円）未満	9万3000円（世帯）
住民税課税〜課税所得690万円（年収約770万円）未満	4万4400円（世帯）
世帯全員が住民税非課税	2万4600円（世帯）
前年の公的年金等収入額金額＋その他の合計所得金額の合計が80万円以下	2万4600円（世帯） 1万5000円（個人）
生活保護を受給している人など	1万5000円（世帯）

（株）Money&You作成

帯）で14万１００円、住民税非課税世帯で２万４６００円となっています。高額療養費制度の医療費と同様に、介護費用の負担も一定の上限額までにできる、ありがたい制度です。

　とはいえ、長期間にわたって医療費と介護費がかかり続けると、家計の負担が大きくなってしまいます。そんなときに利用したいのが高額医療・高額介護合算療養費制度です。

　高額医療・高額介護合算療養費制度は、**同一世帯で毎年8月**

高額医療・高額介護合算療養費制度の自己負担限度額の上限

<table>
<tr><th>区分</th><th>70歳未満の世帯</th><th>70歳以上の世帯</th></tr>
<tr><td>年収約1160万円以上</td><td>212万円</td><td>212万円</td></tr>
<tr><td>年収約770万円～1160万円</td><td>141万円</td><td>141万円</td></tr>
<tr><td>年収約370万円～770万円</td><td>67万円</td><td>67万円</td></tr>
<tr><td>年収約370万円以下</td><td>60万円</td><td>56万円</td></tr>
<tr><td>住民税非課税世帯</td><td rowspan="2">34万円</td><td>31万円</td></tr>
<tr><td>住民税非課税世帯で年金収入 80 万円以下など一定基準に満たない人</td><td>19万円</td></tr>
</table>

（株）Money&You作成

1日～翌年7月31日までの1年間にかかった医療費・介護費の自己負担額の合計額（自己負担限度額）が上限を超えた場合、その超えた金額を受け取れる制度です。

高額療養費制度や高額介護サービス費制度を利用すれば自己負担は減りますが、ゼロになるわけではありません。高額医療・高額介護合算療養費制度を利用することで、その自己負担をさらに軽減できます。

高額医療・高額介護合算療養費制度の自己負担限度額は、世帯の年齢や所得によって異なります。年間の医療費・介護費を計算して、制度が利用できるか確認しましょう。

高額医療・高額介護合算療養費制度の申請は、公的保険の窓口で行います。国民健康保険や後期高齢者医療制度の場合はお住まいの市区町村、協会けんぽや健康保険組合などの場合は勤務先を通じて申請を行います。

ただし、**高額療養費制度・高額介護サービス費制度の対象外となっている費用は、高額医療・高額介護合算療養費制度でも対象外**です。たとえば、高額療養費制度では入院時の食事代や差額ベッド代、高額介護サービス費制度では要介護度別の利用限度額を超えた費用などは自己負担になります。

家族の「世帯分離」で介護保険サービスの自己負担額を減らす

高額介護サービス費の自己負担の上限額は、本人の所得で決まる場合と世帯の所得で決まる場合の2つのパターンがあります。そこで、同居している家族が住民票の世帯を分ける「世帯分離」をすることで、介護費用を削減できる場合があります。なお、世帯分離をしても、同居を続けて構いません。

世帯分離とは、**同居している家族が住民票の世帯を分けること**です。世帯分離をすることで、介護費用を削減できる場合があります。たとえば、**介護サービスを受ける親を世帯分離して、親単独の世帯にすれば、世帯としての所得が大きく減るため、高額介護サービス費の自己負担を大きく減らせる**、というわけです。

介護サービスを受けている親（住民税非課税）が、住民税の課税される世帯と同世帯にしていた場合、高額介護サービス費の負担限度額は月額4万4400円になります。しかし、世帯分離をして親だけの世帯になった場合、高額介護サービス費の負担の上限額は「世帯全員が住民税非課税」にあてはまるので、月額2万4600円となります。さらに、仮にこの親の前年の年金年収とその他の所得金額合計が80万円以下だったとしたら、負担の上限額は月額1万5000円になります。同じ介護サービスを受けていても、負担が月約2万〜3万円、年間で約24万〜35万円ほど減らせることになります。

世帯分離するほうがいいのはどんなとき？

世帯分離するほうがいい

・住民税課税世帯と
介護サービスを受ける親が同居

→世帯分離することで
保険料や医療費の負担が減る

世帯分離しないほうがいい

・２人以上介護している場合

→世帯分離することで
高額療養費制度や高額介護サービス費
の世帯合算ができなくなる

高額介護サービス費は、もっとも負担の重い世帯で月額14万１００円の負担になっています。ですから、**高所得者の方こそ、世帯分離を検討するといいでしょう。**なお、世帯分離をしたからといって、別居する必要はありません。

世帯分離は介護費用の削減にとても役立つ方法なのですが、高額療養費制度や高額介護サービス費の「世帯合算」はできなくなります。高額療養費制度や高額介護サービス費は、世帯ごとにかかった費用を合算して申請できます。しかし、たとえ同居していても、世帯分離をすれば親と子で別の世帯になりますので、合算できなくなります。とくに、**2人以上介護している**

場合には、世帯分離がかえって損になる可能性があります。損得をトータルで考える必要がありますので、詳しくはお住まいの自治体にご相談ください。

足りない分は「貯金」「労働」「投資」でカバーする

老後に必要な生活費から年金額を引いてなお、足りない分はどうカバーすればいいのでしょうか。

一番わかりやすいのは、貯金しておくことでしょう。金融広報中央委員会「家計の金融行動に関する世論調査」（２０２２年）によると、60代の金融資産保有額の平均額は二人以上世帯で１８１９万円、単身世帯で１３８８万円です。

第３章の冒頭で、「夫婦世帯では約１８００万円、単身世帯では約１３００万円」を老後用意したい金額の目安と紹介しました。もしこれだけ持っていれば、目安の金額はクリアできていることになりますが、実際は「こんなに貯めているの？」と驚く方のほうが多いのではないでしょうか。

平均額は少数のお金持ちによって、大きく引き上げられてしまうものです。たとえば、極端な話ですが、貯蓄200万円の人が4人、貯蓄2000万円の人が1人いれば、貯蓄の平均は560万円です。これでは、とても実態を表しているとはいえません。

そこで、中央値と分布もあわせて確認しましょう。中央値とは、貯蓄金額の少ない世帯から多い世帯まで並べて、真ん中の人の値です。**60代単身世帯の貯蓄の中央値は300万円、二人以上世帯の中央値は700万円**。こちらのほうが、まだ現実に近い金額ではないでしょうか。

ただ、中央値も「貯蓄ゼロ」に引っ張られて下がってしまうため、万能ではありません。そこで、金額別の金融資産保有額の分布もチェックするというわけです。

一番多いのは、「金融資産非保有」。つまり、貯蓄ゼロの世帯です。単身世帯の28%、二人以上の20%は、貯蓄がありません。また、貯蓄が300万円未満の世帯を合計すると、単身世帯の半数近くとなる40%、二人以上世帯の35%が該当します。老後資金はあるに越したことはないのは当たり前ですが、実際には用意できていない人も相応

60代の金融資産保有額(金融資産を保有していない世帯を含む)

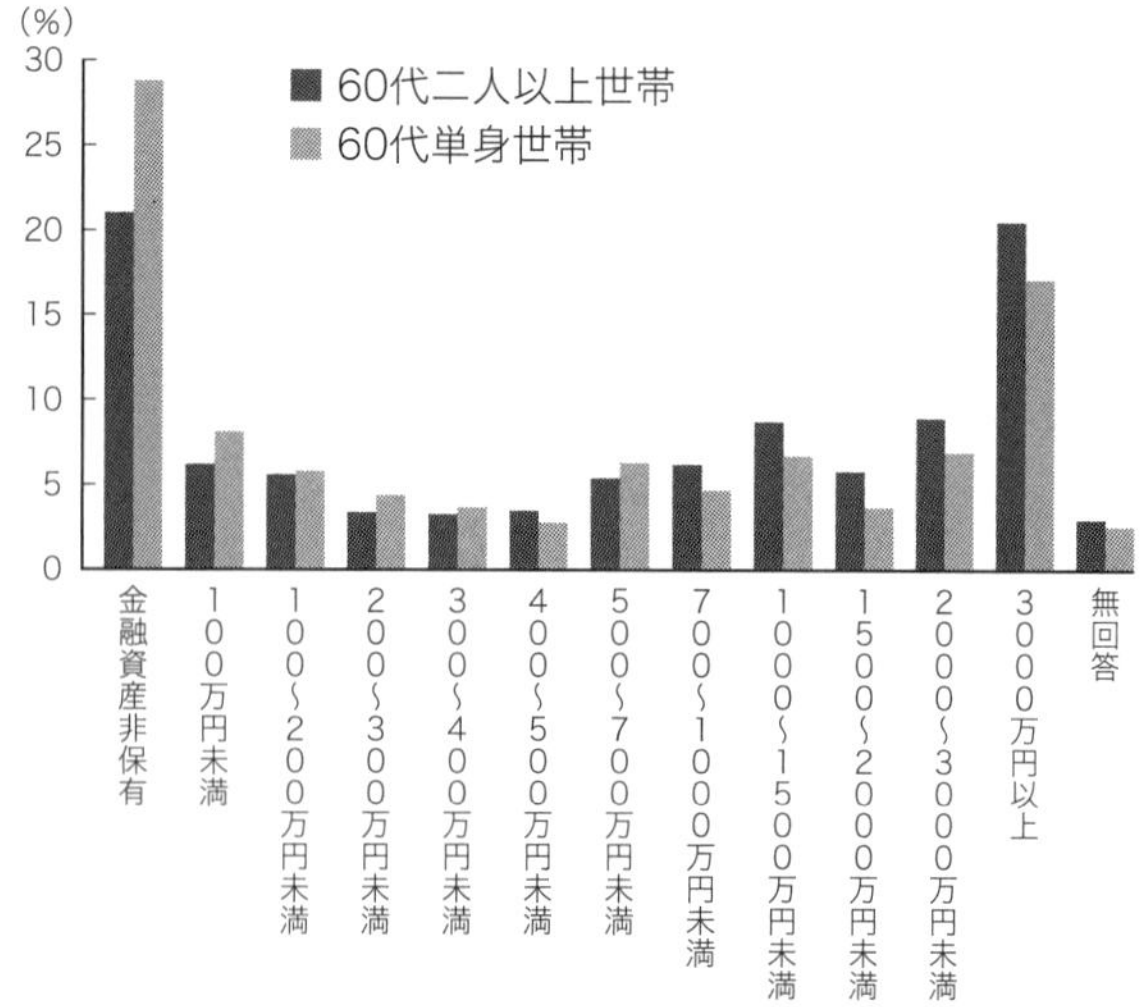

金融広報中央委員会「家計の金融行動に関する世論調査」(2022年)を元に(株)Money&You作成

にいるのです。

貯蓄が少ないと、年金の繰り下げ受給を選びづらくなってしまいます。仮に60歳で定年退職したとして、65歳の年金受給開始まで5年の空白期間があるからです。

この期間をカバーするのが勤労収入です。今は多くの人が60歳以降も働いています。定年後であっても、「再雇用」「再就職」「独立」などの形で働き続けることができます。

足りない分はどう工面する？

コツコツと用意しておく **貯金**	**メリット** ・時間をかけて準備できる ・確実に老後資金として取り崩せる **デメリット** ・一度にまとまった額を用意することは難しい ・インフレによって目減りする可能性がある
老後の前半を支える **労働**	**メリット** ・年金受給までの収入をカバーできる ・老後の厚生年金を増やせる **デメリット** ・高齢になるにつれて働き続けにくくなる
老後の後半を支える **投資**	**メリット** ・働けなくなっても収入をカバーできる ・複利効果によって長く続けるほど大きな利益が狙える ・NISAやiDeCoで税金を抑えつつ効率よく増やせる **デメリット** ・元本保証がなく、資産が減る可能性もある

(株)Money&You作成

空白期間も、勤労収入があれば乗り切れる可能性があるというわけです。また、70歳までは厚生年金に加入して働くことで、老後にもらえる老齢厚生年金を増やすことができます。

とはいえ勤労収入も万能ではありません。高齢になるにつれ、働き続けることが難しくなります。気力・体力が低下しているのに無理して仕事を続けると身体やメンタルを壊してしまい、余計に医療費・介護費がかかる可能性もあります。そこで、勤労収入の減少を補い、年金に上乗せする方法として、資産運用収入が役立ちます。

特に、加入期間が長いほど有利だとされているＮＩＳＡやｉＤｅＣｏは、投資初心者でも運用しやすいため、ぜひ活用しましょう。詳しくは第5章で解説します。

意外と働き続けることはできるが……

60歳で定年を迎えたあと、同じ会社に再雇用されて働く方が多くいます。会社は「高年齢者雇用確保措置」という仕組みによって、希望する人を原則65歳まで再雇用することになっているからです。

2021年4月には高年齢者雇用安定法が改正施行され、会社は70歳までの就業機会を確保することが努力義務となりました。まだ努力義務ではありますが、人生が長くなる時代に、長く働ける環境が整いつつあります。いずれは「義務」になっていくと考えられます。

こうした背景もあって、65歳以上の高齢者の就業者は2004年以降、毎年増加しており、総務省統計局「労働力調査」(2021年)によると912万人にのぼっています。また、内閣府「令和4年版高齢社会白書」によると、男性は41・1%、女性は25・1%が70歳以降も働いています。

ですから、**「60歳定年」は昔の話。意外と働き続けることはできます。**

ただ、現役時代のようにバリバリ働くのが果たして幸せな老後なのかは、考えなければなりません。もちろん、働きたい人は働けばいいのですが、のどかな余生を過ごしたい人も多いでしょう。実際、定年後は必ずしも現役時代のように働く必要はありません。

55歳以上の就業者の割合

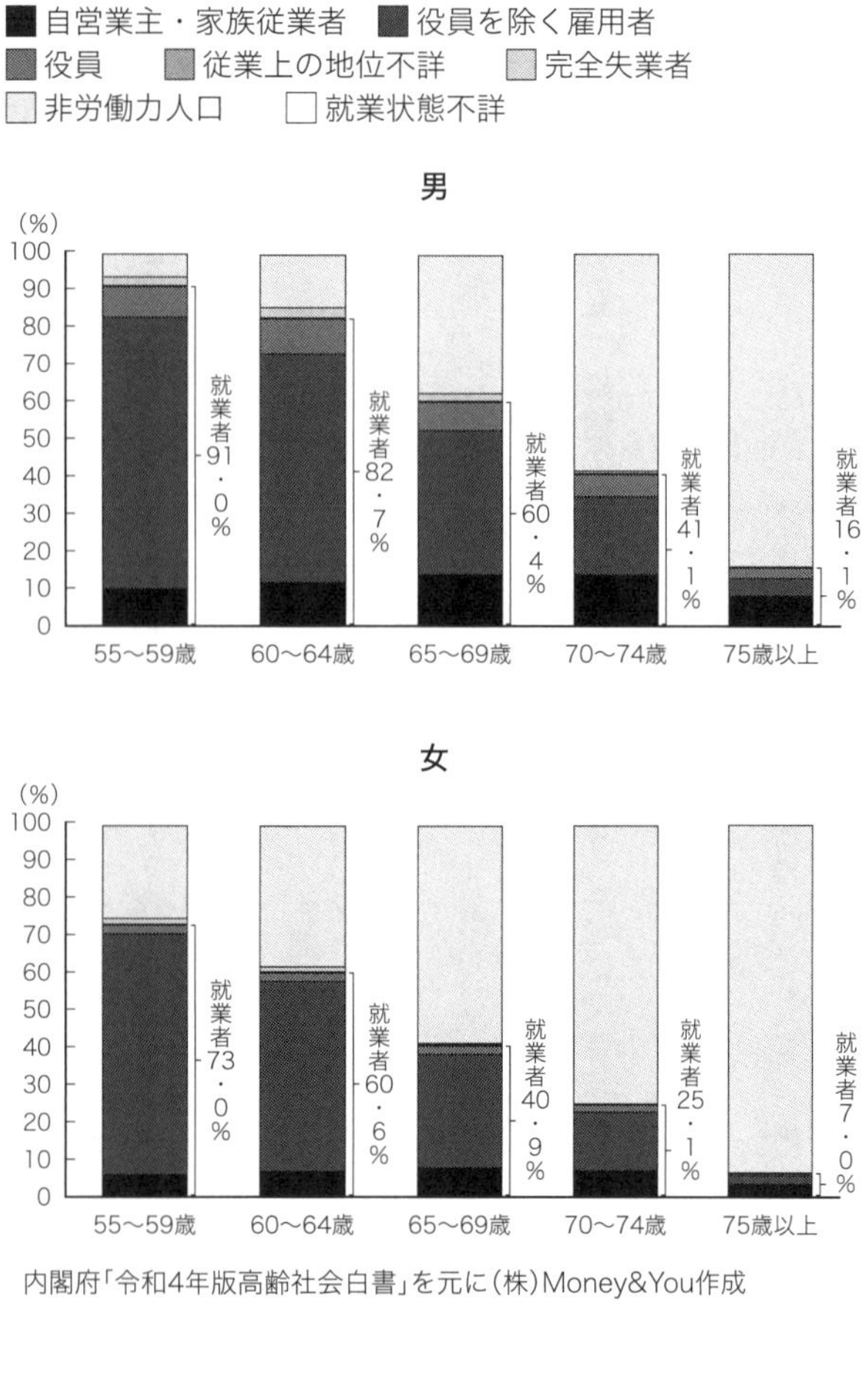

内閣府「令和4年版高齢社会白書」を元に(株)Money&You作成

二人以上の世帯のうち勤労者世帯の家計収支(2022年)

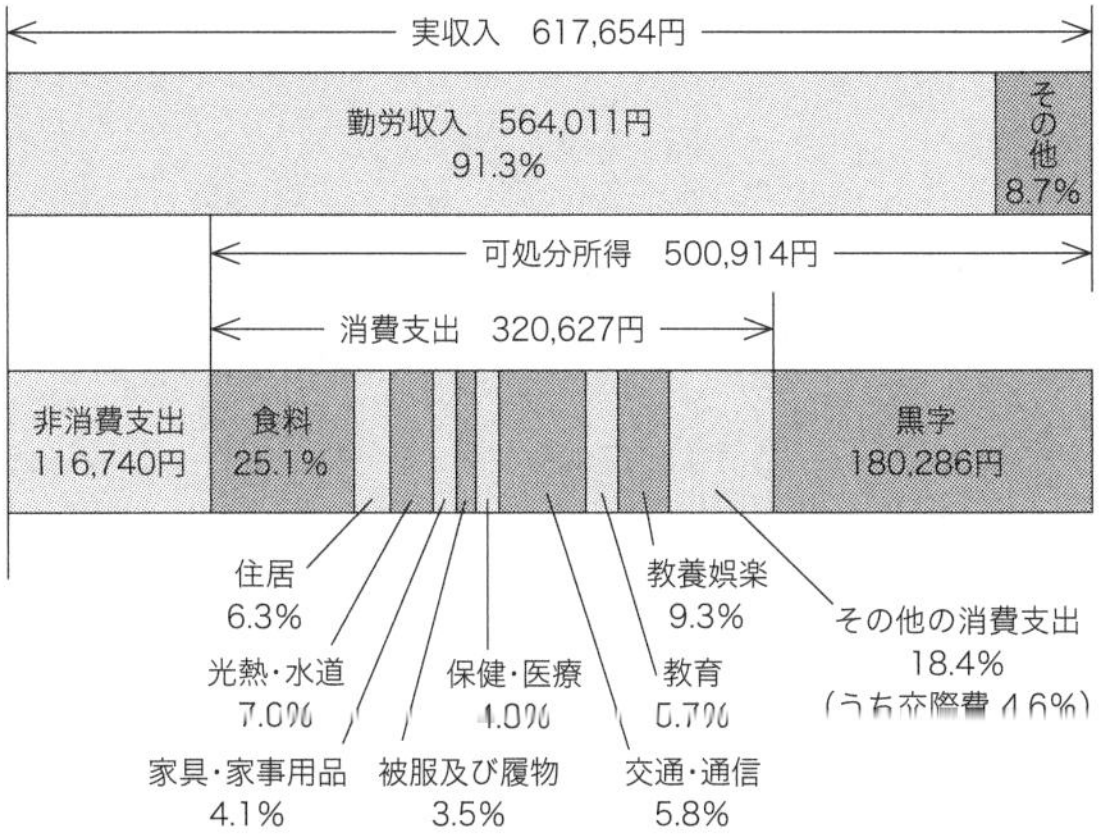

出所:総務省「家計調査報告」(2022年)

現役時代は、何かとお金がかかります。しかし、しっかり働いて収入があるので、その支出をカバーすることができます。

総務省「家計調査報告」(2022年)によると、二人以上の世帯のうち勤労者世帯の家計収支は、上の図のようになっています。

勤労収入とその他の収入を合わせた実収入は約61・8万円。それに対して、消費支出と非消費支出(税金・社会保険料)を合計した支出の合計は約43・7万円となっています。そのため、支出のグラフの右側をみると「黒字」が

18万円出ていることがわかります。もちろん、この黒字の金額も平均値で、一部のお金持ちが引き上げている感もありますが、働くことで支出をカバーできていることがわかります。

定年退職して働かなくなると、勤労収入がなくなります。年金収入が入ってくるとは言え、勤労収入をカバーできるほどもらえないことはすでにお伝えしたとおりです。しかし、定年退職後は、収入だけでなく支出も減少します。

前述の総務省「家計調査報告」（2022年）によると、二人以上の世帯のうち65歳以上の無職世帯の家計収支は左ページの図のようになっています。

65歳以上・無職世帯の実収入は約24・9万円（うち年金が約20・2万円）となっています。そこから非消費支出（税金・社会保険料）と消費支出を引いた金額は、約2・3万円の赤字になっています。

年代別に見ると、65～69歳は赤字の金額が4・3万円ほどですが、70～74歳で約

二人以上の世帯のうち65歳以上の無職世帯の家計収支

項目	平均	世帯主の年齢階級		
		65〜69歳	70〜74歳	75歳以上
実収入	248,858円	277,757円	258,359円	235,223円
社会保障給付	202,058円	210,423円	206,169円	197,322円
非消費支出	32,606円	40,637円	33,622円	29,679円
可処分所得	216,253円	237,121円	224,737円	205,544円
消費支出	238,919円	280,010円	249,589円	220,810円
黒字	−22,666円	−42,889円	−24,852円	−15,266円

出所：総務省「家計調査報告」（2022年）

年齢階級別非正規の職員・従業員の割合の推移

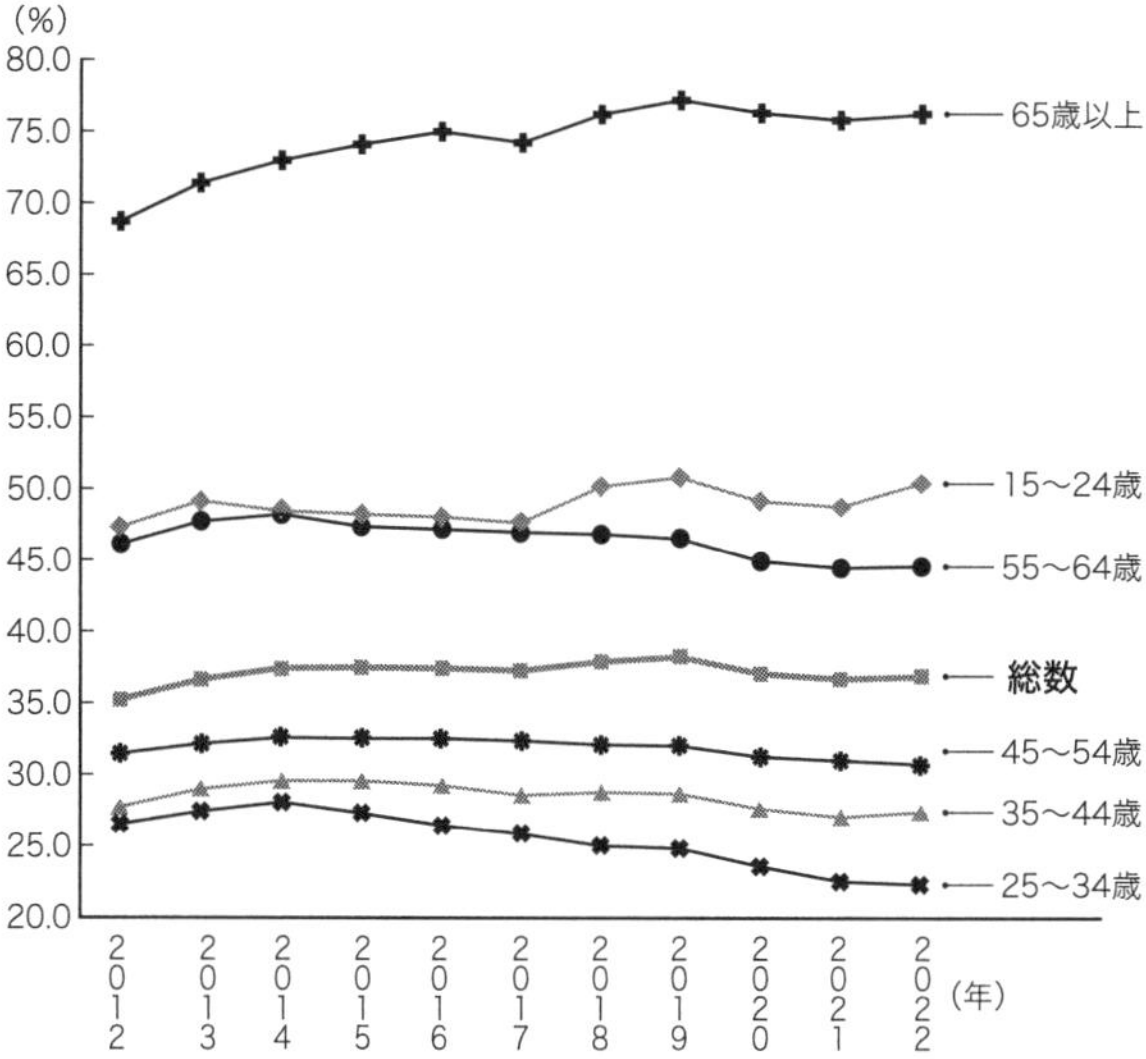

出所：総務省「労働力調査（2022年）」

2・5万円、75歳以上で約1・5万円と、赤字額が少なくなっています。これは、歳を重ねるに連れて支出、とくに消費支出が大きく減っているからです。

もちろん、前述の家賃や住宅ローン返済額、ゆとりある暮らしをするためのお金、もしものときのお金はここには含まれていません。しかし、それらを加味しても、月5万円〜10万円程度の勤労収入があれば家計は十分に回るというわけです。

月10万円を稼ぐには、時給2000円の仕事であれば月50時間働けばいいのですから、週3日勤務にしても1日4〜5時間働けば達成できる計算です。月5万円でよければ、その半分です。

総務省の労働力調査（2022年）によると、65歳以上の非正規の職員・従業員の割合は76・4％と、他の年代と比べても突出しています。仮に月5万円〜10万円ほど稼ぎ、年金収入と併せて家計を回すことができれば、無理をして長時間働く必要はありません。長く働き続けることはできますが、自身の負担の少ない範囲で働くのもひとつの考え方でしょう。

またここまで「仕事とお金」という側面で話をしてきましたが、高齢になるにつれて、仕事に対する価値観が変化する傾向にあることも見逃せません。

リクルートワークス研究所「シニアの就労実態調査」では、働く上で感じる価値観を「他者への貢献」「生活との調和」「仕事からの体験」「能力の発揮・向上」「体を動かすこと」「高い収入や栄誉」の6つに分類。年代別に重きを感じる価値観がどう変わるかを調査しています。

特に20代など、若いうちは「高い収入や栄誉」が重視されています。「能力の発揮・向上」や「仕事からの体験」も高い水準です。しかし、歳を重ねるにつれて仕事の価値が減退していくことがわかります。特に50代以降は「高い収入や栄誉」も価値が減退しています。

しかし、60代後半になると「他者への貢献」に価値を見出す人が増えます。さらに70代は、仕事に「高い収入や栄誉」以外の価値を見出すようになっているのです。定年後の仕事には、現役時代にはなかった価値が見出せるようになっていく、というわ

仕事に対する価値観の変化

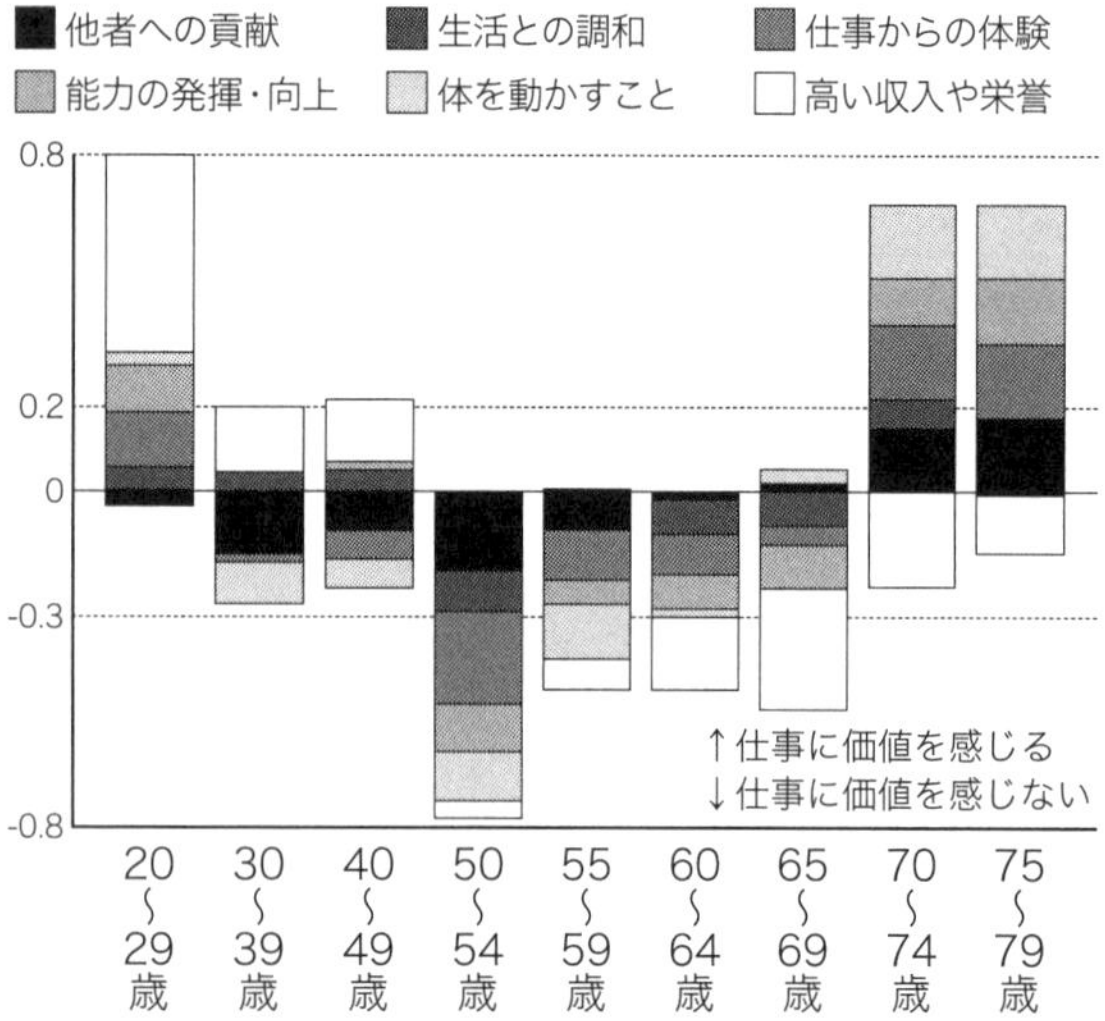

出所：リクルートワークス研究所「シニアの就労実態調査」

けです。

　また、リクルートワークス研究所「全国就業実態パネル調査」（2021年）からは、高齢者が前向きに仕事に取り組む様子がわかります。仕事に対して熱意や活力を持って取り組めているか、仕事に没頭しているかを「あてはまる」「どちらかといえばあてはまる」「どちらともいえない」「どちらかというとあてはまらない」「あてはまらな

仕事への取り組み方の変化

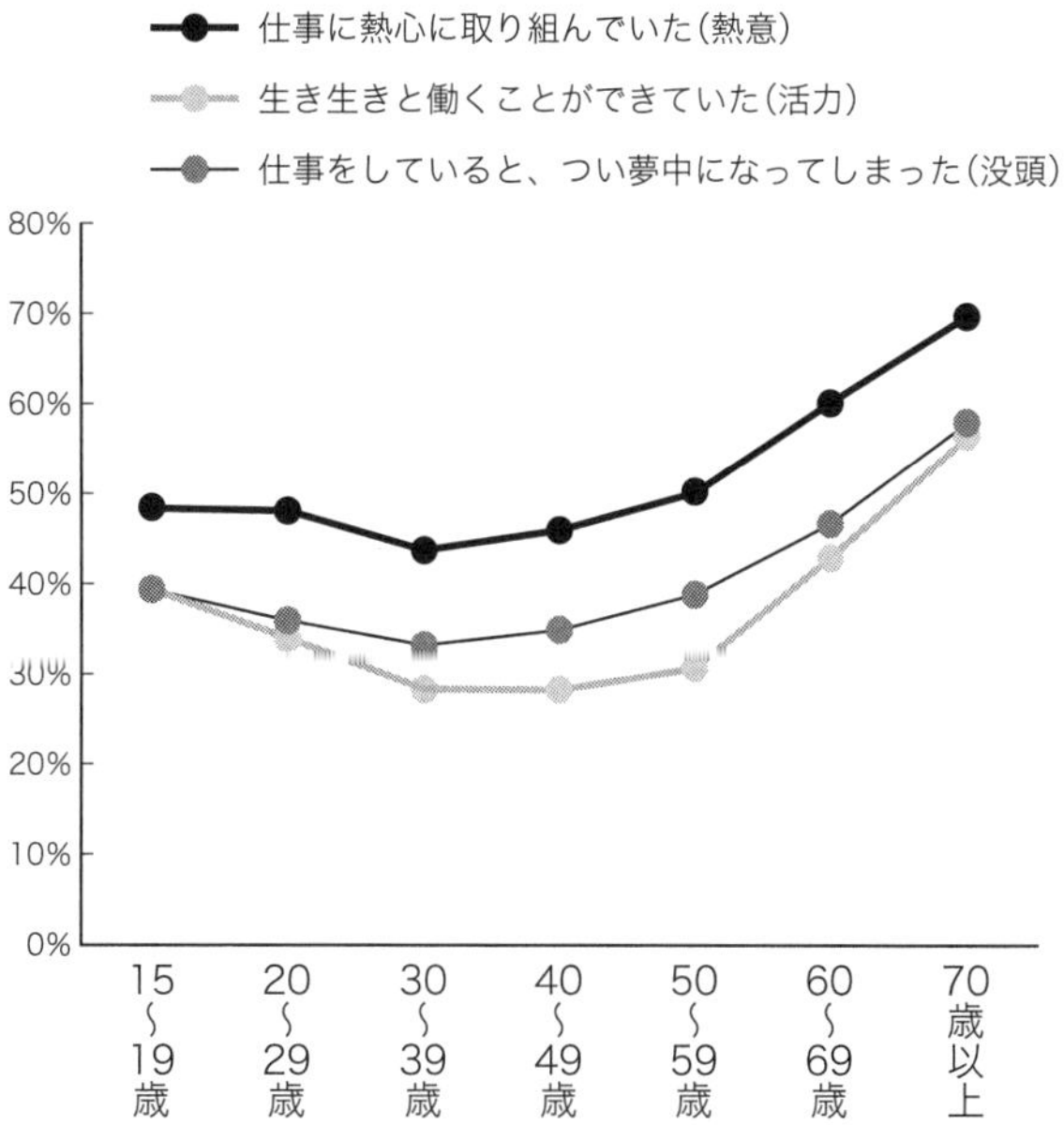

※「あてはまる」「どちらかといえばあてはまる」の合計で作成
リクルートワークス研究所「全国就業実態パネル調査」(2021年)を元に
(株)Money&You作成

い」の5区分でたずねたところ、特に60代以降の人で「あてはまる」「どちらかといえばあてはまる」と答えた人が増えているのです。

内閣府「令和2年版高齢社会白書」によると、70歳以降も働きたいと考える人は全体の約6割、仕事をしている人で9割弱も占めています。また、実際に仕事をしている60代以上の方に仕事をしている理由をたずねた調査では、年齢が上がるにつれて「仕事そのものの面白さ」や「働くのは体に良い」とする回答が増える傾向にあります。

仕事から得られるものは、お金だけではありません。仕事を通じて社会貢献することが生きがいになったり、健康になったりする側面もあります。老後の働き方を考える際には、単にお金の側面だけでなく、人生を充実させる手段としての側面も踏まえておく必要があるでしょう。

第4章

公的年金の注意ポイント

ねんきん定期便が間違っていないか必ず確認しよう

第1章で紹介したねんきん定期便は、もらえる年金額や年金保険料の納付記録を確認するのに役立つものですが、まれに誤りがあることがあります。

年金に関する業務を担う日本年金機構が2022年9月に公表した「事務処理誤り等（令和3年4月分～令和4年3月分）の年次公表について」によると、2022年度は事務処理の誤りが1347件あったと報告されています。そのうち約半数にあたる644件が金額に影響のあった誤りとなっています。

さらに、金額に影響のあった誤りを影響の区分別に見てみると、もっとも多いのが「未払い」228件。金額にして約1・8億円も発生しているのです。

未払いということは、本来もらえる年金がもらえていなかったということです。報道によると、1件あたりの最高額は障害厚生年金で、919万円もの未払いがあったそうです。老齢年金であっても同様にミスがあれば、本来はもらえる年金がもらえなかったり、もらえる金額が少なかったりしている可能性があります。

事務処理誤りの事象別内訳

影響区分	件数	合計金額
影響額あり	644 件	357,307,577 円
過払い	180 件	89,366,427 円
未払い	228 件	185,979,229 円
過徴収	145 件	61,446,389 円
未徴収	64 件	12,929,754 円
誤還付	27 件	7,585,778 円
影響額なし	703 件	0 円
計	1,347 件	357,307,577 円

※複数の区分に該当するものは金額が多い方に計上
日本年金機構「事務処理誤り等（令和３年４月分～令和４年３月分）の年次公表について」を元に（株）Money&You作成

次に多いのが過払い、つまり年金が本来より多くもらえていたケースです。この場合も「もらえてラッキー」とはもちろんならず、返納が求められます。そうすれば、毎月の生活の見直しを余儀なくされる場合もあるのです。

国民の約３割、約４０００万人が年金受給者と考えれば、誤りの数はそれほど多くないといえるかもしれません。しかし、万が一年金の記録に誤りがあったら大変です。**ねんきん定期便が間違っていないか、ここでしっかりと確認しましょう。**

「役職定年」で年収が減った場合、年金はどうなる?

会社で課長・部長といった管理職についていれば、年収もそれなりに高くなっているかもしれません。しかし、このまま定年まで高い年収のままでいられるかといえば、そうとも限らないのが現状です。その理由は、役職定年にあります。

役職定年とは、**一定の年齢に達した社員が管理職から外れる制度**のこと。会社には人件費の削減や組織の新陳代謝、活性化につながるメリットがあるということで、大企業を中心に導入が進んでいます。

しかし、役職定年を迎えた社員にしてみれば、年齢を理由に役職から外され、年収が下がるのですから、まったく歓迎できません。

ダイヤ高齢社会研究財団「50代・60代の働き方に関する調査報告書」によると、実際に役職定年を経験した方のうち、**役職定年後の年収が減った割合は実に9割以上。年収が半分未満になった人も約4割います。**

役職定年後の年収

役職定年前を100%とした場合の割合
定年後有職者の男性のみの回答

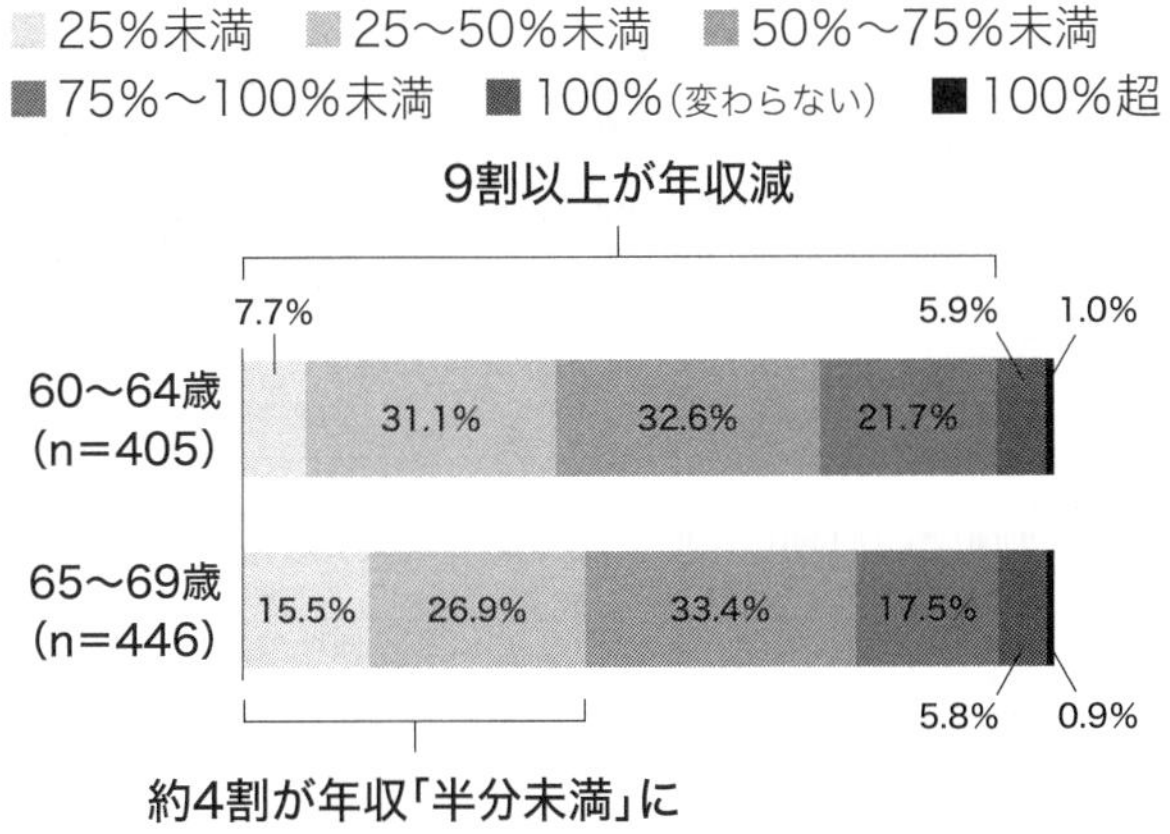

出所：ダイヤ高齢社会研究財団「50代・60代の働き方に関する調査報告書」

役職定年で年収が少なくなるのは厳しい話ですが、それだけにとどまりません。年収が減るということは、厚生年金の金額も減ることにつながります。厚生年金の金額の計算には、平均年収が関わるからです。

たとえば、20歳から55歳までの平均年収が５００万円の人がいたとします。55歳から60歳までの年収が５００万円だった場合と、３５０万円（7割）になった場合とでは、

役職定年で年金が減る

(例)20歳から55歳までの平均年収500万円
55歳から60歳までの年収が同じ・7割・5割の場合の年金額概算

55歳以降の年収水準(40年間の平均年収)	500万円のまま(500万円)	7割(481.25万円)	5割(468.75万円)
老齢厚生年金	109.6 万円	105.5 万円	102.8 万円
老齢基礎年金	79.5万円		
公的年金合計	**189.1 万円**	**185.0 万円(–4.1 万円)**	**182.3 万円(–6.8 万円)**

※すべての加入期間(40年)を「平均標準報酬額×5.481÷1000×厚生年金加入月数」として計算　(株)Money&You作成

厚生年金に年４・１万円の差が生じる計算です。さらに、55歳から60歳までの年収が２５０万円（５割）になった場合の年金額は、５００万円だった場合より年６・８万円の差になって表れます。年６・８万円ということは、月額にすれば５６００円くらいです。しかし、反対に30年間の年金額の差は２０４万円にもなるのです。

　年収が下がった場合には、その分もらえる厚生年金が減ることを覚えておきましょう。

企業年金・確定拠出型年金は自分で請求手続きが必要

60歳で定年を迎えたあとに再雇用・再就職する場合には、60歳時点で退職金を受け取ります。**退職前に会社に「退職所得の受給に関する申告書」を提出することで、確定申告不要で退職金を受け取ることができます。**

退職金の振り込み時期に明確なルールはありませんが、通常は退職から1～2か月後に支払われるようです。会社の就業規則には、退職金をいつごろ支払うかが記載されているので、確認しておくといいでしょう。もしわからなければ、会社の担当部署に確認しましょう。

また、勤め先が中小企業の場合、会社が従業員の退職金を積み立てて用意する中小企業退職金共済制度（中退共）に加入していることがあります。中退共の退職金は、退職した本人が「退職金共済手帳」を使って手続きを行います。中退共の退職金の支払いは、請求後約4週間です。

さらに、**企業年金や確定拠出年金を受け取る場合にも、自分で請求手続きをする必要があります**。企業年金とは、会社が社員のために年金を用意してくれる制度。国民年金、厚生年金といった公的年金に上乗せしてもらえる「私的年金」の制度です。企業年金には、確定給付企業年金（DB）、厚生年金基金、企業型確定拠出年金（DC）などの制度があります。会社によって、どの企業年金があるかは異なります。そしてiDeCoも「個人型」ではありますが確定拠出年金ですので、自分で受け取る手続きを行います。

退職金と確定拠出年金の両方が受け取れる場合は、受け取り方に工夫が必要です。考えなしに受け取ってしまうと、支払う税金が高くなり、手取りで損をすることになります。退職金と確定拠出年金の両方を受け取れる場合のお得な受け取り方については、第5章で解説します。

各年金の支給開始年齢が近づくと、企業年金連合会や確定拠出年金の運営管理機関から年金の受け取りに必要な裁定請求書が届きます。裁定請求書に必要事項を記載のうえ、添付書類と併せて提出します。裁定請求書には、資産を一時金で受け取るか年金で受け取るか、それとも一時金と年金で併給するかを記載する必要があります。裁定請求書を提出後、内容に不備がなければ「裁定」（年金の支給額の決定）が行われ、年金証書や支払額の通知書が届きます。そして、後日支払いが行われます。

ただし、住所や氏名が変わったときは気をつけましょう。**仮に退職後に住所や氏名などに変更があった場合、企業年金連合会などの運営管理機関からの書類が届かなくなってしまう可能性があります。**それで請求手続きができなかった、そもそも請求できることを知らなかった（忘れていた）となってしまえば、せっかくの企業年金やｉＤｅＣｏも受け取れなくなってしまいます。心当たりのある方は、企業年金、ｉＤｅＣｏの窓口に連絡して、必ず情報を変更しましょう。

また、**厚生年金基金の大部分はすでに解散していますが、企業年金連合会が業務を引き継いでおり、年金を受け取ることができます。**該当者には日本年金機構や企業年金連合会から確認の文書が送付されるほか、企業年金連合会のサイトにある「企業年金連合会の年金記録の確認」というフォームを利用すると加入歴があるかを調べられますので、心当たりがあるならばぜひ利用しましょう。

年金は働きながらもらう場合、金額が減る可能性がある

在職老齢年金は、60歳以降に働きながら受給する老齢厚生年金です。在職老齢年金でもらえる年金額は、老齢厚生年金額と給与（正確には、年金の基本月額と給与の総報酬月額相当額）の合計によって、減額されたり、全額支給停止されたりします。

具体的には、60歳以降の老齢厚生年金額（月額）と給与の合計が48万円（2023年度）を超えると、老齢厚生年金の一部がカットされます。

在職老齢年金でカットされる老齢厚生年金の金額（月額）は、

（基本月額＋総報酬月額相当額−48万円）×1／2

こちらで計算できます。以前は65歳未満と65歳以上で基準が違いましたが、2022年4月からは一律で同じ基準となっています。

たとえば、65歳の人が月10万円の老齢厚生年金と41万円の給与をもらう場合、

（10万円＋41万円－48万円）×1／2＝1万5000円

となり、老齢厚生年金が月額1万5000円支給停止になるという具合です。

さらに、給与が月58万円まで増えると、

（10万円＋58万円－48万円）×1／2＝10万円

となり、老齢厚生年金は全額支給停止となります。

なお、国民年金は在職老齢年金の対象ではありません。

「在職老齢年金で減額されるなら、厚生年金を受け取らず、繰り下げ受給して金額を増やそう」と考える人がいるかもしれません。しかし、在職老齢年金によって支給停止されるはずの部分は、繰り下げても増額の対象外となることに注意が必要です。確かに、年金を繰り下げれば、繰り下げ受給を始めるまでは年金をもらっていません。しかし、繰り下げ受給で増額になる金額は、本来の年金額から在職老齢年金によってカットされる部分を引いた残りだけになってしまいます。

たとえば、以下の条件の方が、65歳から70歳まで働いて、年金を70歳まで繰り下げ受給するとします。

・65歳からもらえる国民年金（年額）：79万5000円（2023年度67歳以下の満額）
・65歳からもらえる厚生年金（年額）：156万円（月額13万円）
・65歳からの給与（月額）：41万円

仮に在職老齢年金をもらう場合、カットされる老齢厚生年金の月額は、

（13万円＋41万円－48万円）×1／2＝3万円

となります。

厚生年金を70歳まで繰り下げ受給すれば、年金額は42%増加します。この増加の対象になる年金額は、65歳からもらえる厚生年金の「13万円」ではなく、13万円からカットされる3万円を引いた「10万円」となります。つまり、繰り下げで増額になるのは、カット後の年金額のみというわけです。

70歳からもらえる年金額（年額）は、次の通りです。

※誤りのある計算
・国民年金…79万5000円×1・42＝112万8900円
・厚生年金…13万円×1・42×12か月＝221万5200円
合計：334万4100円

※正しい計算
・国民年金…79万5000円×1・42＝112万8900円
・厚生年金…(13万円＋10万円×0・42%)×12か月＝206万4000円
合計：319万2900円

在職老齢年金はもらわなくても「48万円ルール」は適用される、というわけです。

さらに、極端にいえば、65歳から70歳までの給与がとても多く、年金が全額支給停止になってしまう人の場合、70歳まで厚生年金を繰り下げても、厚生年金はまったく増えず、65歳時点の厚生年金額をもらうことになります。

このことを知らないでいると「厚生年金を繰り下げたけれど、思ったほど増えなかった」という事態に陥るかもしれません。老後の生活の見直しを迫られることもありえます。ですから、収入が多い人ほど**「厚生年金の繰り下げで増額になるのはカット後の年金額だけ」**ということを踏まえて、老後にもらえる年金額を確認しておきましょう。

年の差夫婦は、「加給年金」と「振替加算」がもらえる場合がある

年の差夫婦の場合、条件を満たすと「加給年金」と「振替加算」というお金がもらえる場合があります。

加給年金は、**厚生年金に加入している人が65歳になったときに、その人が扶養する配偶者や子どもがいるときにもらえる年金。**年金の「家族手当」とも呼ばれる年金です。

加給年金の対象となるのは、次の条件を満たす人です。

①厚生年金に20年以上加入している
②厚生年金に加入している人が65歳になったときに、生計を維持している65歳未満の配偶者または18歳到達年度末までの子（障害等級1級・2級の場合は20歳未満の子）がいる

したがって、**対象となる年下の配偶者や子がいない場合は、加給年金を受け取れません**。また、加給年金は厚生年金の制度のため、個人事業主やフリーランスといった国民年金の第1号被保険者も対象外です。

なお、夫が年上でも妻が年上でも、条件を満たしていれば加給年金をもらうことができます。

加給年金の金額は、配偶者を扶養している場合、年39万7500円（特別加算含む）になります。また、子は2人目まで年22万8700円、3人目以降は年7万6200円となっています（以上、金額は2023年度）。

たとえば、65歳の夫に1歳年下の妻がいる場合、夫の厚生年金が5年間で約200

万円増えます。年間40万円近くも増えるので、家計の大きな助けになるでしょう。

しかし、加給年金は受け取れなくなる場合もあります。具体的には、

・配偶者の年収が850万円（所得655・5万円）以上の場合
・配偶者が厚生年金に20年以上加入していて、老齢厚生年金・特別支給の老齢厚生年金・障害年金を受給する場合
・老齢厚生年金を繰り上げ受給する場合（加給年金がもらえるのは65歳から）
・年金を繰り下げ受給する場合（繰り下げ待機中は加給年金がもらえない・左ページ参照）

などが該当します。

配偶者が65歳になると、加給年金は打ち切られます。このとき、**配偶者が老齢基礎年金を受けられる場合は、配偶者自身の老齢基礎年金に「振替加算」という金額が加算されます。**

振替加算の対象となるのは、次の条件を満たす人です。

加給年金と振替加算のイメージ

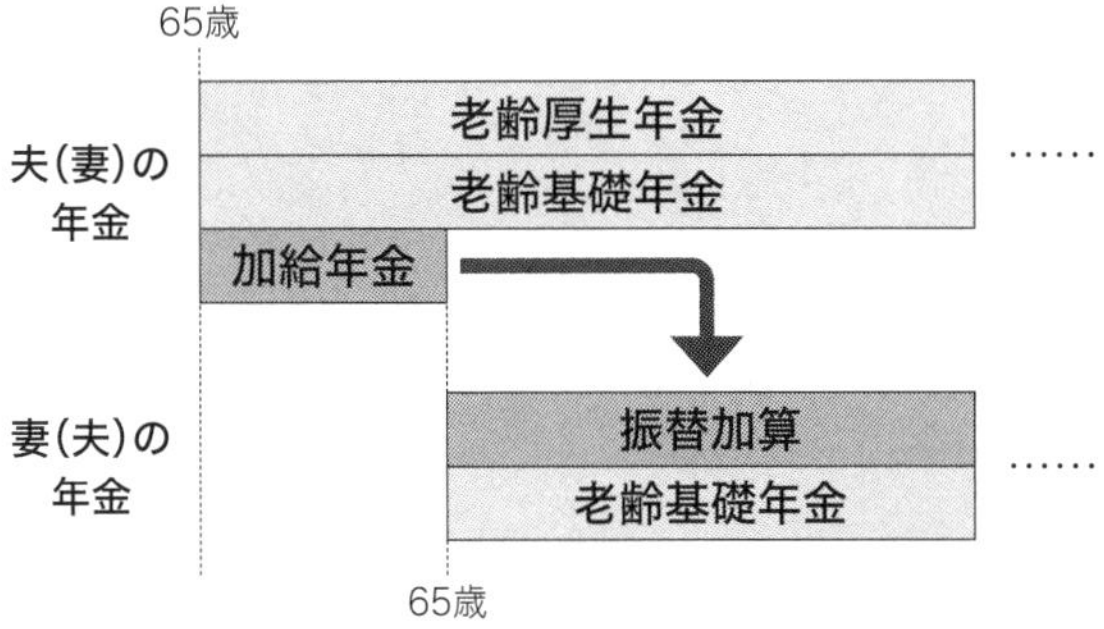

(株)Money&You作成

加給年金の金額(2023年度)

対象者	加給年金額	年齢制限
影響額あり	22万8700円＋特別加算※＝合計39万7500円 ※1943年4月2日以降生まれの場合は16万8800円	65歳未満
1～2人目の子	1人あたり22万8700円	18歳到達年度の末日までの間の子または1級2級の障害をもつ20歳未満の子
3人目以降の子	1人あたり7万6200円	

(株)Money&You作成

①1926年（大正15年）4月2日から1966年（昭和41年）4月1日までの間に生まれていること
②配偶者が老齢基礎年金の他に老齢厚生年金や退職共済年金を受給できる場合、厚生年金保険などの加入期間が20年（240か月）未満であること
③配偶者の厚生年金保険の35歳以降の（夫は40歳以降の）加入期間が左ページの図（振替加算の対象者）未満であること

振替加算の支給額は、年齢が若いほど少なくなります。そして、1966年（昭和41年）4月2日生まれ以降の方は受給できなくなります。振替加算の仕組みは、そもそも国民年金が任意加入のころに加入していない人の年金が少なくなることに配慮した加算だからです。

なお、配偶者が加給年金の対象でなくても、厚生年金保険の非保険期間が20年以上あれば、振替加算の対象になる場合もあります。

「年金を繰り下げ受給で増やしたいものの、加給年金も受け取りたい」という場合は、

振替加算の対象者

	生年月日	加入期間
1	1947年4月1日以前	180月（15年）
2	1947年4月2日から1948年4月1日	192月（16年）
3	1948年4月2日から1949年4月1日	204月（17年）
4	1949年4月2日から1950年4月1日	216月（18年）
5	1950年4月2日から1951年4月1日	228月（19年）

振替加算の年額

配偶者の生年月日	年額
～1927年4月1日	223,800円
1927年4月2日～1928年4月1日	217,757円
1928年4月2日～1929年4月1日	211,939円
⋮	⋮
1955年4月2日～1956年4月1日	50,803円
1956年4月2日～1957年4月1日	44,760円
1957年4月2日～1958年4月1日	38,717円
1958年4月2日～1959年4月1日	32,899円
1959年4月2日～1960年4月1日	26,856円
1960年4月2日～1961年4月1日	20,813円
1961年4月2日～1966年4月1日	14,995円
1966年4月2日以降	――

老齢基礎年金だけを繰り下げましょう。加給年金は老齢厚生年金を受け取っていれば受け取れます。**老齢基礎年金だけを繰り下げることで、加給年金を受け取りながら、老齢基礎年金を増やすことができます。**

加給年金を受け取らず、扶養している側の厚生年金を繰り下げたほうが良いかどうかについては、第2章で解説した通りです。

加給年金の手続きは、「老齢厚生年金・退職共済年金　加給年金額加算開始事由該当届」を提出して行います。また、加給年金の対象者がいる場合、毎年誕生日ごろに「生計維持確認届」がハガキで届きますので、必要事項を記載して返送しましょう。

振替加算は、対象になった際に自動的に加給年金から切り替わりますので、とくに手続きは不要です。対象にもかかわらず振替加算が行われていない場合は、年金事務所に相談してみましょう。

年金は自動的に振り込まれるわけではない

65歳になると、老齢年金を受け取る権利（受給権）が発生します。しかし、年金は自動的に振り込まれるわけではありません。**年金は「申請主義」といって、受給の申請をしない限りはもらえません。**ですから、受け取りを開始したい時期がきたら、必ず申請の手続きをしましょう。

65歳から年金を受け取る場合は、65歳になる3か月前に日本年金機構から届く「年金請求書」に必要事項を記入します。年金請求書には、日本年金機構にあるデータに基づき、住所・氏名・基礎年金番号・年金記録などの情報が印字されています。その内容に誤りがないか確認するとともに、その他の項目に記載していきます。

必要事項の記入が終わったら、65歳の誕生日以降に年金請求書に必要書類を添付して提出します。主な必要書類には、

・年金手帳（または基礎年金番号通知書）

年金をもらうためのステップ

①書類が届く

・年金請求書
・老齢年金のお知らせ　など

②年金請求書に必要事項を記入する

すでに記載のある内容に間違いがあったら、
二重線で消して修正する

③必要書類を用意し、年金請求書とともに提出する

・すべての期間が国民年金の場合
　→市区町村の国民年金窓口へ提出
・厚生年金も受け取る場合、あるいは国民年金の第3号被保険者に該当する場合
　→年金事務所または年金相談センターへ提出

④年金証書・年金決定通知書が届く

⑤年金の振り込みが開始

年金は受給権が発生した月の翌月分から受け取ることができる

（株）Money&You作成

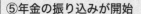

・厚生年金保険被保険者証
・戸籍謄本（または戸籍抄本）
・住民票
・本人名義の金融機関の通帳

などがあります。また、加給年金を受け取る場合には世帯全員の住民票の写しや配偶者の収入が確認できる書類などが必要になります。このほかにも、人によって提出物が異なる場合があるので、事前に一度年金事務所や年金相談センターに確認しておくと確実です。

また、年金請求書・必要書類の提出先は、老齢基礎年金だけを受け取る人（国民年金の第1号被保険者期間のみの人）の場合は市区町村の窓口です。それ以外（老齢厚生年金も受け取る第2号被保険者、第2号被保険者に扶養されていた第3号被保険者）の場合は年金事務所または年金相談センターに提出します。

問題なく手続きができたら、提出の1～2か月後に年金証書と年金決定通知書が届きます。**年金証書は年金を受け取る権利を証明する書類、年金決定通知書は受け取れ**

る年金額を知らせる書類です。

年金証書が届いてから1～2か月すると、年金の受給がはじまります。年金は、年金請求書で指定した金融機関の口座に振り込まれます。偶数月の15日に、その前月・前々月の年金の2か月分が振り込まれるスケジュール。たとえば、6月15日に受け取れる年金は4月と5月の2か月分です。

なお、年金を65歳より前に繰り上げ受給する場合は、年金請求書が郵送されてこないので、最寄りの年金事務所や年金相談センターに行き、年金請求書をもらってきましょう。

また、年金を66歳以降に繰り下げ受給する場合は、65歳の3か月前に届く年金請求書を提出しないようにしましょう。年金請求書が届いたからといって手続きしてしまうと、年金の支給も65歳からになってしまい、繰り下げ受給ができなくなってしまいます。**年金の繰り下げ受給をする場合は、66歳以降、受給を始めたい時期に年金請求書を提出するだけです**。あらかじめ「いつまで繰り下げる」「いつから受給する」など申請する必要はないのです。

年金の繰り下げ受給の手続きをするときには、年金請求書と一緒に「老齢基礎年金・老齢厚生年金　支給繰下げ申出書」を提出しましょう。年金事務所や日本年金機構のウェブサイトで入手できます。

離婚時の年金分割は〝年金が半分もらえる〟わけではない

厚生労働省「人口動態統計月報年計」（2021年）によると、2021年の離婚総数は2019年から3年連続で減少して18万4386組となっています。しかし、**離婚総数に占める同居期間20年以上の方の離婚の割合は3年連続で上昇**。21・1%に上っています。もちろん、同居期間20年以上の方がすべて定年離婚とは限りませんが、長年連れ添った夫婦でも、離婚する可能性はあるのです。

離婚するときには、夫婦の資産を分配する「財産分与」を行います。婚姻期間中に築いた資産は、2人で協力して築いた共有資産と考えます。ですから、離婚するにあたって、それを2人で分け合うのです。

財産分与の対象になる資産には、預貯金、保険、金融商品、住宅や車、共同生活に必要な家具などがあります。また、退職金はすでに支払われている場合や、支払われていなくても近い将来に支払われることが見込まれる場合は財産分与の対象です。生活費から少しずつ差し引いて貯めた「へそくり」も、夫婦の生活費から貯めた以上は共有資産となるため、財産分与の対象と考えられます。

それに対して、結婚する前の資産や別居中の資産などは、共有資産ではないので、財産分与の対象外となります。

また、婚姻期間中の厚生年金の記録も夫婦で分け合う「年金分割」ができます。たとえば、会社員の夫と専業主婦の妻が離婚しても、妻は老後に国民年金しかもらえないとなると、妻の生活が苦しくなってしまいます（妻と夫は入れ替えても同じです）。共同で生活していたのに、離婚すると年金に格差が生まれるのは不公平ということで、この制度が生まれました。なお、共働きの夫婦でも年金分割は可能。年金額の多い方から少ない方に、年金を分割できます。

年金分割には、合意分割と3号分割の2種類があります。

合意分割は、年金を夫婦の合意によって分割する制度です。婚姻期間中の厚生年金の記録の最大2分の1を分割できます。分割の割合は、少ない側（分けてもらう側）の上限が50％までと決まっています。実際多くが50％ずつ分割しています。

3号分割は、夫婦の合意がなくても、第3号被保険者だった期間の厚生年金の記録の50％を分割できる制度です。離婚した夫婦にとっては、3号分割のほうが都合がいいと思われるかもしれません。しかし、3号分割では、制度がスタートした2008年4月以降の年金記録しか分割できません。婚姻期間がそれ以前からある場合は、分けてもらう記録（増える年金額）が少なくなってしまいます。

なお、3号分割と合意分割は両方とも請求できます。2008年3月までは合意分割、4月以降は3号分割とすることも可能です。

厚生労働省「令和3年度　厚生年金保険・国民年金事業の概況」によると、年金分

合意分割と3号分割

(例)会社員の夫と専業主婦の妻が離婚した場合

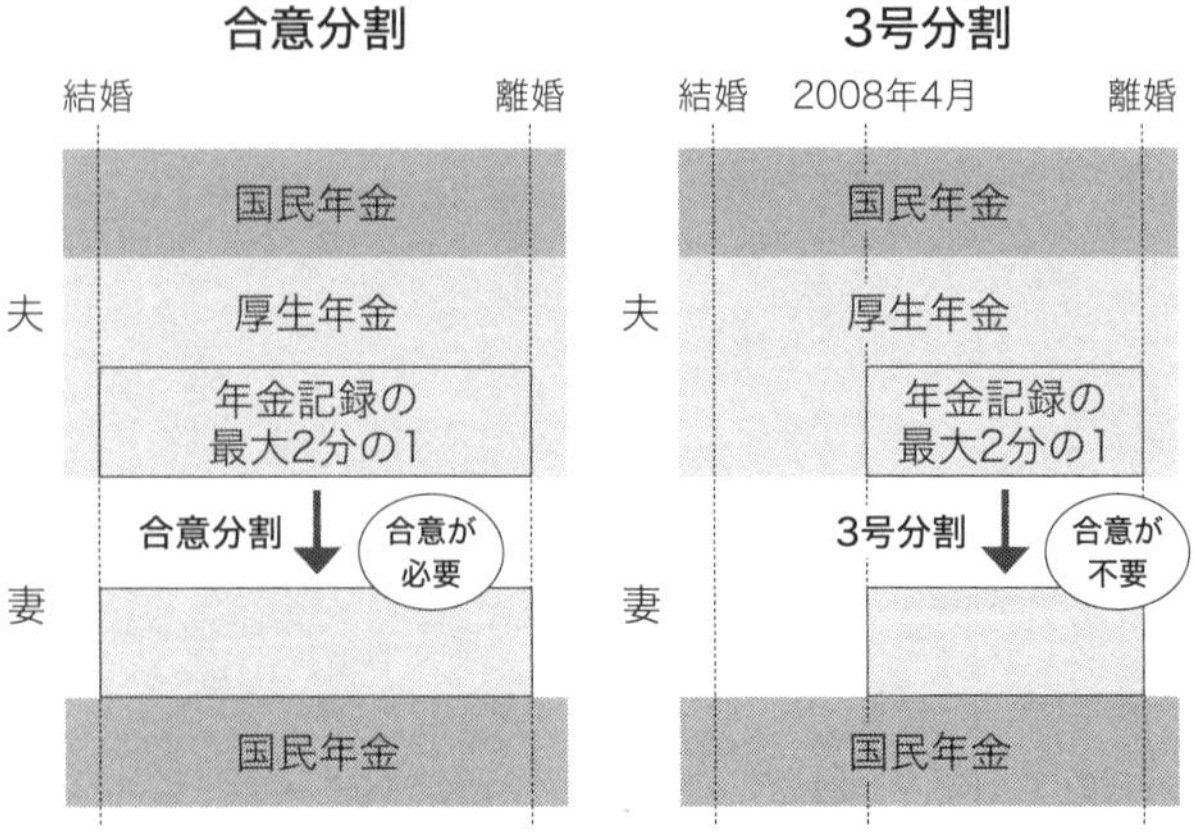

(株)Money&You作成

割を受ける側の年金額の月額平均(国民年金を含む)は、分割前が5万4281円、分割後が8万5394円ですので、3万円ほど増えています。

このように紹介すると、年金分割はお得に思えるかもしれませんが、すべての年金記録を分割できるわけではありません。**年金分割で分けられる年金は厚生年金のうち婚姻期間中に保険料を支払った部分のみ。**婚姻期間外の厚生年金や、国民年金は分割できないため、単純に「相手の年金が半分もらえる」わけではありません。それに、離婚したい理由は夫婦それぞれですが、1人で暮らすよりも2人で暮らしたほうが支出は少なくて済みます。年金分割はそんなにおいしい話ではないということは、押さえておいたほうがいいでしょう。

もっとも、**離婚するのであれば、たとえ金額が少なくても、年金分割の手続きをしたほうがいいでしょう**。年金分割の請求期限は離婚翌日から2年以内。2年を過ぎると原則として年金分割の請求はできなくなります。審判申立や調停申立などの中立を行った場合は、それを行った日の翌日から6か月経過するまで特例で分割請求できますが、いずれにしても年金分割には請求期限があります。なるべく早く年金分割の手続きをしましょう。

合意分割の場合は夫婦（元夫婦）で一緒に年金事務所に行くか、合意を証明する書面（公正証書や年金分割の合意書など）を提出する必要があります。

なお、同じ年金制度でも、iDeCoや企業型確定拠出年金（企業型DC）は年金分割の対象外となるので留意しておきましょう。

遺族年金は、受け取り方によって大きく損をする場合がある

国民年金・厚生年金に加入している人や、国民年金・厚生年金の受給資格がある人が亡くなったとき、その亡くなった人によって生計を維持されていた人は遺族年金を受け取ることができます。国民年金からの遺族年金を遺族基礎年金、厚生年金からの遺族年金を遺族厚生年金といいます。

遺族基礎年金は、「保険料納付済期間（免除期間を含む）が加入期間の3分の2以上」などの要件を満たす国民年金や厚生年金の加入者が亡くなったとき、子のある配偶者あるいは子がもらえる年金です。ここでの「子」とは、18歳になった年度の3月31日までの子（または20歳未満で障害等級が1級または2級の子）です。したがって、子のない配偶者は受け取れません。また、配偶者には年収850万円未満という所得制限もあります。

遺族基礎年金の年金額は、「79万5000円＋子の加算額」（2023年度）となっ

ています。子の加算額は、1人目、2人目の子どもは22万8700円、3人目以降は7万6200円です。なお、年金額は、物価や賃金の変動に応じて毎年見直しが行なわれます。

一方の遺族厚生年金は、「厚生年金の加入者」「保険料納付済期間が加入期間の3分の2以上」などの要件を満たす加入者が亡くなったとき、配偶者や子など遺族がもらえる年金です。受給には次のような優先順位があり、より順位の高い人が受給します。

1位　子のある妻・子のある55歳以上の夫・子
2位　子のない妻・子のない55歳以上の夫
3位　55歳以上の父母
4位　孫
5位　55歳以上の祖父母

なお、子のない30歳未満の妻は5年間しか受給できません。また、夫・父母・祖父母は亡くなったときに55歳以上という年齢制限があり、かつ受給できるのは60歳からとなります。また、配偶者（夫55歳以上、妻30歳以上）は再婚などしない限り、一生涯受け取ることができます。

一般的に長生きなのは女性のほうです。会社員の夫が亡くなった場合、妻は遺族厚生年金が受け取れます。しかし、その金額は夫が生きているときよりも減ります。これに備えるために、妻の老齢基礎年金を繰り下げておくという方法があります。

たとえば、会社員の夫、専業主婦の妻の世帯で会社員の夫が亡くなった場合、妻が遺族厚生年金で受け取れる金額は夫が受け取るはずだった老齢厚生年金の４分の３です。つまり、夫が生きているときよりも年金収入が減ってしまいます。

この減少をカバーするために、**妻の老齢基礎年金だけを繰り下げて受給額を増やすとよいでしょう**。仮に、妻の老齢基礎年金が約78万円だった場合、75歳まで繰り下げると約１４３万円になります。老齢基礎年金はいくら増えたとしても遺族厚生年金の金額とは関係ないので、**将来老齢基礎年金の増加分が遺族厚生年金の減少分を補う**というわけです。

老齢基礎年金だけ繰り下げよう

妻の老齢基礎年金は繰り下げがお得

夫…会社員
平均年収500万円、厚生年金に40年加入

妻…専業主婦
厚生年金なし　の場合

夫の死後、遺族厚生年金を受け取る

夫	老齢基礎年金	年77.8万円
	老齢厚生年金	年107.8万円
	合計	年185.6万円
妻	老齢基礎年金	年77.8万円
	世帯合計	年263.4万円

▶

夫	死亡	
妻	老齢基礎年金	年77.8万円
	遺族厚生年金	年80.9万円
	合計	年158.7万円

遺族厚生年金＝夫の老齢厚生年金の3/4

妻の老齢基礎年金を繰り下げておく

妻の老齢基礎年金が増加

70歳 妻	老齢基礎年金	年110.5万円
	遺族厚生年金	年80.9万円

→ 合計　年191.4万円

妻の老齢基礎年金が増加

75歳 妻	老齢基礎年金	年143.2万円
	遺族厚生年金	年80.9万円

→ 合計　年224.1万円（最大で65.4万円増える）

※遺族厚生年金は、繰り上げ・繰り下げにかかわらず、65 歳時点の老齢厚生年金の金額の 3/4 で計算される

(株)Money&You作成

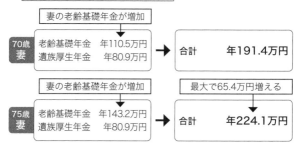

妻が会社員で老齢厚生年金をもらえる場合も、**妻は老齢基礎年金のみを繰り下げするのが有効です**。夫の遺族厚生年金が妻の老齢厚生年金より多いとき、遺族厚生年金の受給額は、妻の老齢厚生年金との差額分だけになってしまうからです。仮に妻の老齢厚生年金のほうが多ければ、妻は遺族厚生年金を受け取れません。遺族厚生年金は非課税で受け取れるため、その点を考えても無理に妻の老齢厚生年金を繰り下げる必要はありません。

老齢基礎年金だけを繰り下げることで受給額が増えて収入を確保しやすくなります。

一方、妻が先に亡くなった場合、夫も要件を満たせば妻の遺族厚生年金が受け取れます。しかし、一般的に男性のほうが年収が高いこと、遺族厚生年金は「夫の老齢厚生年金」と「妻が受け取るはずだった老齢厚生年金の4分の3」の差額になることから、遺族厚生年金の受給権を得ても、遺族厚生年金を全く受け取れない可能性が高いでしょう。

受け取れないくらいで済むなら良いのですが、年金はすでに他の受給権が発生していると、老齢基礎年金・老齢厚生年金ともに、繰り下げによる増額ができないルールになっているのが落とし穴です。

妻が先に亡くなった場合の遺族厚生年金の優先順位は「子のある55歳以上の夫」と「子」がもっとも上なのですが、子は主に高校生までなので、夫が年齢の条件を満たす可能性のほうが高いでしょう。それに加えて、「同居している（生計を一にしている）」「収入が８５０万円未満」の条件を満たすと、夫に妻の遺族厚生年金の受給権が生まれます。

受給権が発生するとその時点から、夫の老齢年金を繰り下げても年金額が増えません。この情報を知らずに「繰り下げ」をしていると、全く増えていない現実にがっかりすることになります。

夫婦ともに会社員・公務員で共働きの場合においても、**配偶者が亡くなり遺族年金の受給権が発生した時点から、老齢年金の繰り下げによる増額ができません。**

遺族年金を受け取れないのに、自分自身の老齢年金の繰り下げもできないという不都合なルールは早く撤廃してほしいものですが、現状はできないということを覚えておきましょう。

年金受給者で確定申告をしたほうがいい人

老後の年金は「雑所得」といって、所得税や住民税の課税対象になります。

65歳未満で年金受給額が108万円超、65歳以上で年金受給額が158万円超の場合、年金から所得税があらかじめ源泉徴収されます。また、4月1日時点で65歳以上の方で、前年所得に対して住民税が課税されている人は公的年金から住民税が源泉徴収されます。扶養親族のない方の場合、公的年金等収入が155万円超になると住民税が課税されます。

これまで、会社員として働いてきた人は、給与から税金が概算で源泉徴収されていました。そして、1年間の収入が確定する年末に会社は年末調整を行い、正しい税額に調整してくれていました。しかし、年金受給者には年末調整がありません。ですから、正しい税額を納めるためには確定申告をしたほうが良いのです。

ただ、確定申告は面倒ですし手間もかかります。毎年確定申告するのが大きな負担になる人もいるでしょう。そこで年金には「確定申告不要制度」が設けられています。

確定申告不要制度が利用できるのは、

①公的年金等の収入金額の合計額が400万円以下
②公的年金等にかかる雑所得以外の所得金額が20万円以下

この両方に当てはまる人です。多くの人が確定申告不要制度の対象者に該当するはずです。

しかし、だからといって確定申告しないのはもったいないことです。

毎年納めている税金額は、あくまで概算の金額ですので、納めすぎになっている場

年金が年100万円〜500万円のときの手取り額

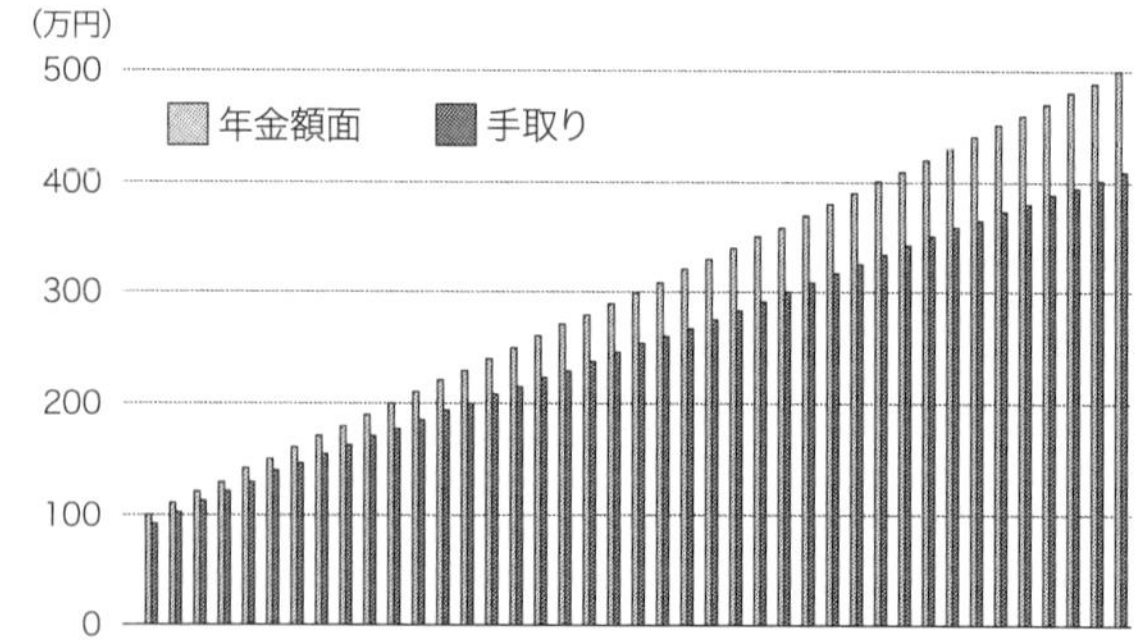

東京都文京区・６５歳・独身のモデルケース
※所得控除は基礎控除と社会保険料控除のみで計算
※税金・社会保険料は他の所得・年齢・家族構成・住まいによって変わります
（株）Money&You作成

合があります。会社員のように年末調整があれば、正しい税額に調整されますが、年金受給者には年末調整がありません。したがって、確定申告することで税金が減らせる（所得税が還付され、翌年の住民税が安くなる）というわけです。

　実際、年金額面から天引きされている税金や社会保険料は、それなりに高額です。東京都文京区・65歳・独身の方で、年金が年１００万円〜５００万円までのときの手取り額の推移は上の図のようになります。なお、税金・社会保険料は他の所得や年齢・家族構成・住まいによって変わりますので、あくまでも参考程度に見てください。

年金額が増えるほど、税金や社会保険料も増加します。そのため、額面が仮に20万円増えたとしても、手取りは20万円増えるわけではありません。多くの場合、年金からは10%~15%の税金が天引きされます。この手取りを少しでも増やしたければ、確定申告をしたほうがいいというわけです。

年金受給者で、確定申告不要制度の対象になっていても、確定申告をしたほうがいい人は、次の8つのケースのうちどれか1つでも当てはまる人です。

①年の途中まで働き、年末調整を受けずに辞めた場合

定年退職したあとに再雇用されたり、同年内に再就職したりして、12月末まで勤めた場合は、勤務先が年末調整をしてくれます。しかし、年の途中で退職すると、年末調整が受けられません。所得税を納めすぎになっているケースがほとんどなので、確

定申告をして税金を取り戻しましょう。

②「扶養親族等申告書」を提出し忘れた場合

年金受給者が配偶者控除や扶養控除を受けるには、毎年9月ごろに郵送で届く「扶養親族等申告書」の提出が必要です。扶養親族等申告書を提出し忘れると、配偶者控除や扶養控除の適用のないまま税金が計算されてしまいます。確定申告をすることで控除の適用が受けられます。

③生命保険料控除・地震保険料控除がある場合

生命保険料を払っているならば生命保険料控除、地震保険料を払っているならば地震保険料控除が適用できます。毎年10月〜11月ごろに届く控除証明書を確認して確定申告することで、税金が安くできます。

④医療費控除・セルフメディケーション税制が利用できる場合

多くの医療費を支払った場合に利用できる医療費控除の計算式は、所得が200万円以上か未満かで変わります。

●医療費控除の計算式

【所得200万円以上】
(1年間の医療費の合計－保険金や公的給付などの補てん金額)－10万円

【所得200万円未満】
(1年間の医療費の合計－保険金や公的給付などの補てん金額)－所得の5%

医療費控除といえば「医療費が10万円を超えたら利用できる」というイメージの方が多いのですが、年金受給者の場合は「所得200万円未満」に該当するケースがほとんどです。したがって、医療費が「所得の5%」を超えれば医療費控除が利用できます。仮に所得が100万円ならば、医療費が5万円超のときに医療費控除が利用できる、というわけです。

また、セルフメディケーション税制は、特定の市販薬を購入し、年間費用が1万2000円を超えた場合、その超過分（最大8万8000円）が控除対象になる医療費控除の特例制度です。

医療費控除とセルフメディケーション税制は、どちらか片方しか使えないため、よりお得なほうを活用しましょう。また、医療品の購入時や健康診断などのときにもらった領収書は、税務署から提示や提出を求められる場合に備え、5年間保管しましょう。

⑤ふるさと納税をした場合

ふるさと納税は、自分が選んだ自治体に寄付をすることで「寄附金控除」という仕組みを利用し、2000円を超える金額を所得税・住民税から控除できる制度です。そのうえ、多くの自治体からは寄付金の3割を上限とする返礼品ももらえます。また、寄付金の使い道（子育て、医療、農業など）を選ぶこともできます。

ふるさと納税で自己負担額が2000円になる金額には、上限額があります。ふるさと納税の上限額は、年収や家族構成により異なります。

たとえば、年金250万円・65歳独身の方がふるさと納税する場合、自己負担2000円となる寄付金上限額は2万4000円で、その3割にあたる7200円相当の返礼品がもらえるとわかります。

自分のふるさと納税の上限額は、ふるさと納税を扱うウェブサイトでシミュレーションできます。自分のケースを確

自己負担2000円となる寄付金上限額の目安

	65歳未満		65歳以上	
年金額面	独身	配偶者を扶養している場合	独身	配偶者を扶養している場合
150万円	11,000円	3,000円	0円	0円
200万円	20,000円	11,000円	12,000円	4,000円
250万円	28,000円	20,000円	24,000円	15,000円
300万円	37,000円	29,000円	36,000円	27,000円
350万円	46,000円	38,000円	46,000円	38,000円
400万円	58,000円	47,000円	58,000円	47,000円
450万円	69,000円	61,000円	69,000円	61,000円
500万円	79,000円	71,000円	79,000円	71,000円

（株）Money&You作成

認した上で、ふるさと納税を行いましょう。

⑥雑損控除がある場合

雑損控除は、災害や盗難にあった場合に使える所得控除です。具体的には、次の（1）と（2）のうちいずれか多い方の金額を控除できます。

（1）損害金額＋災害等関連支出－保険金等－所得額×10％
（2）災害等関連支出－保険金等－5万円
※「損害金額」は損害を受けた時の直前の資産の時価を基にして計算
※「災害等関連支出」は住宅・家財などを除去するための支出や、盗難・横領により損害を受けた資産の原状回復費用

また、雑損控除で控除できる損害の原因は、次のいずれかに限られます。

（1）震災、風水害、冷害、雪害、落雷など自然現象の異変による災害

（2）火災、火薬類の爆発など人為による異常な災害
（3）害虫などの生物による異常な災害
（4）盗難
（5）横領

これらに該当する損害がある場合には、確定申告することで税金が安くできます。なお最近、投資詐欺のニュースなどが報じられることもありますが、詐欺や恐喝の場合には、雑損控除は受けられません。

⑦住宅ローン控除・投資型減税がある場合

住宅ローンを利用して自宅を購入している場合は、住宅ローン控除が利用できます。住宅ローン控除は税額控除といって、税額から直接税金を差し引くことができます。2022年度（令和4年度）以降の入居の場合、年末時点の住宅ローン残高の0・7％を控除できます。

また、自己資金で自宅をバリアフリー・省エネ・耐震性能アップなどリフォームした場合には、「投資型減税」といってリフォーム費用の10％の控除を受けられます。対象となる工事には「耐震リフォーム」「バリアフリーリフォーム」「省エネリフォーム」「三世代同居リフォーム」などがあり、それぞれ控除対象限度額が異なります。これらのリフォームを活用したときには、ぜひ確定申告をしましょう。

⑧損益通算・繰越控除ができる場合

損益通算とは、複数の口座の利益と損失を合算した金額で税金の計算を行うことです。たとえば、2つの証券会社で投資信託を買い、一方で20万円の利益、もう一方で30万円の損失があったとします。このとき、確定申告を行い損益通算すれば、利益と損失が相殺されて利益が0円になるため、税金がかからなくなります。

また、損益通算をしてもなお引ききれない損失（上の例では、10万円）は、翌年以降3年以内に生まれた利益と相殺することができます。これを「繰越控除」といいます。

損益通算・損失の繰越控除は節税に役立つので、もし損失を抱えているなら忘れずに確定申告しておきましょう。

ただし、繰越控除で3年間にわたって損失を繰り越したい場合は、ほかに確定申告することがなくても確定申告が必要です。また、ＮＩＳＡやｉＤｅＣｏは損益通算や繰越控除の対象外です。

第5章

私的年金を用意しよう〈NISA・iDeCo〉

キーワードは「長期」「積立」「分散」「低コスト」「非課税」

お金をできるだけ減らさずに、堅実に増やすために大切な投資の考え方に、長期・積立・分散投資があります。投資の王道とも呼ばれる方法です。

長期は、数十年単位の長い期間で投資を行うことです。短期投資では、一時的な値動きの要因でお金を大きく減らしてしまう可能性があります。しかし、長い期間で投資すれば、世界経済の成長とともに利益を得る期待ができます。実際、ＩＭＦ（国際通貨基金）の世界経済見通しによると、世界経済はおおむね毎年３％程度成長しています。長期投資をすることで、この成長の恩恵を受けられるというわけです。

また、長期にわたって投資を続けることで、複利効果を生かしやすいのもメリットです。複利効果とは、運用で得た収益を再び投資に回すことで、お金が増えるスピードが増す効果のこと。投資期間が長いほど、複利効果は大きくなります。

積立は、定期的に一定額ずつ投資をすることです。金融商品の価格は、日々上下に動きます。どこかのタイミングで一括投資してしまうと、高いタイミングで購入してしまう可能性もあります。すると思ったほど値上がりしなかったり、いずれ値下がりして損失が大きくなったりする可能性があります。

積立を続けていれば、商品の価格が安いときにはたくさん買い、高いときには少ししか買わなくなるため、平均購入単価を下げる「ドル・コスト平均法」の効果が得られます。これにより、少しでも値上がりしたときに利益を出しやすくなります。

また積立は、買うタイミングを気にせずに淡々と続けることができるのもメリット。感情に左右されることなく投資が続けられます。

そして**分散は、値動きの異なる複数の投資先に投資したり、購入のタイミングをわけたりすること**です。ひとつの投資先だけに資産を集中させてしまうと、その投資先にもしものことがあった場合に、資産が大きく減ってしまいます。その点、複数の投資先にお金を分散させれば、そのうちのどれかが値下がりしても損失は大きくなりま

20年の長期・積立・分散投資で元本割れがなくなる

資産・地域を分散して積立投資を行った場合の運用成果の実績

●保有期間5年

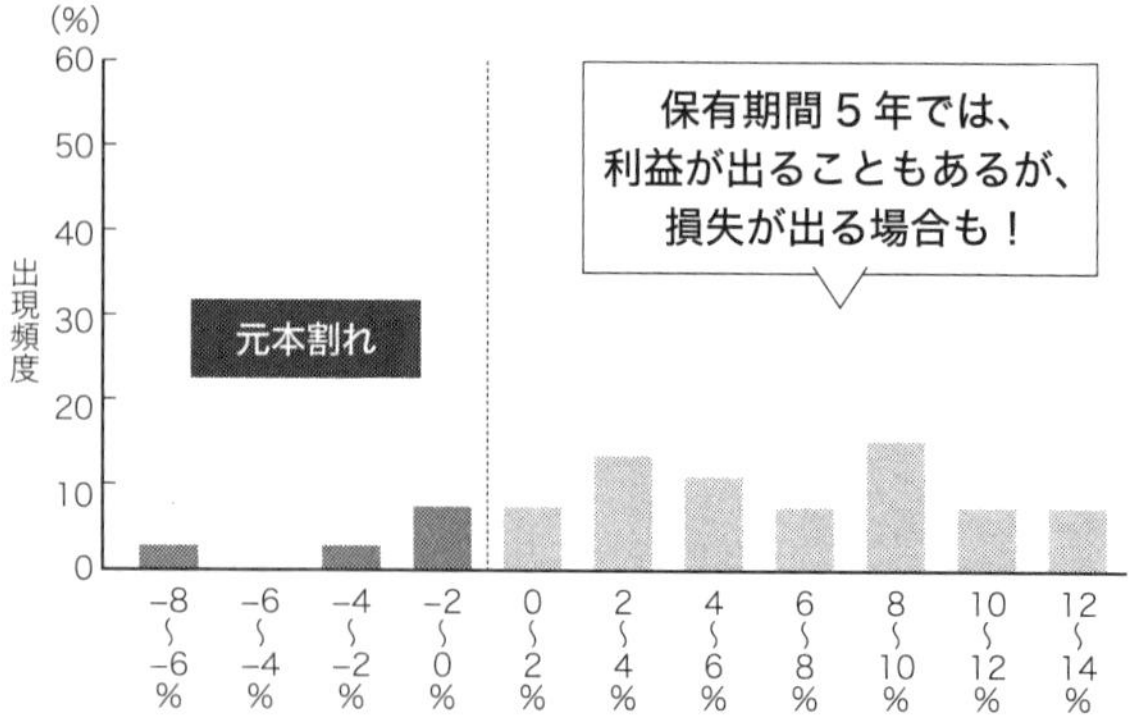

●保有期間20年

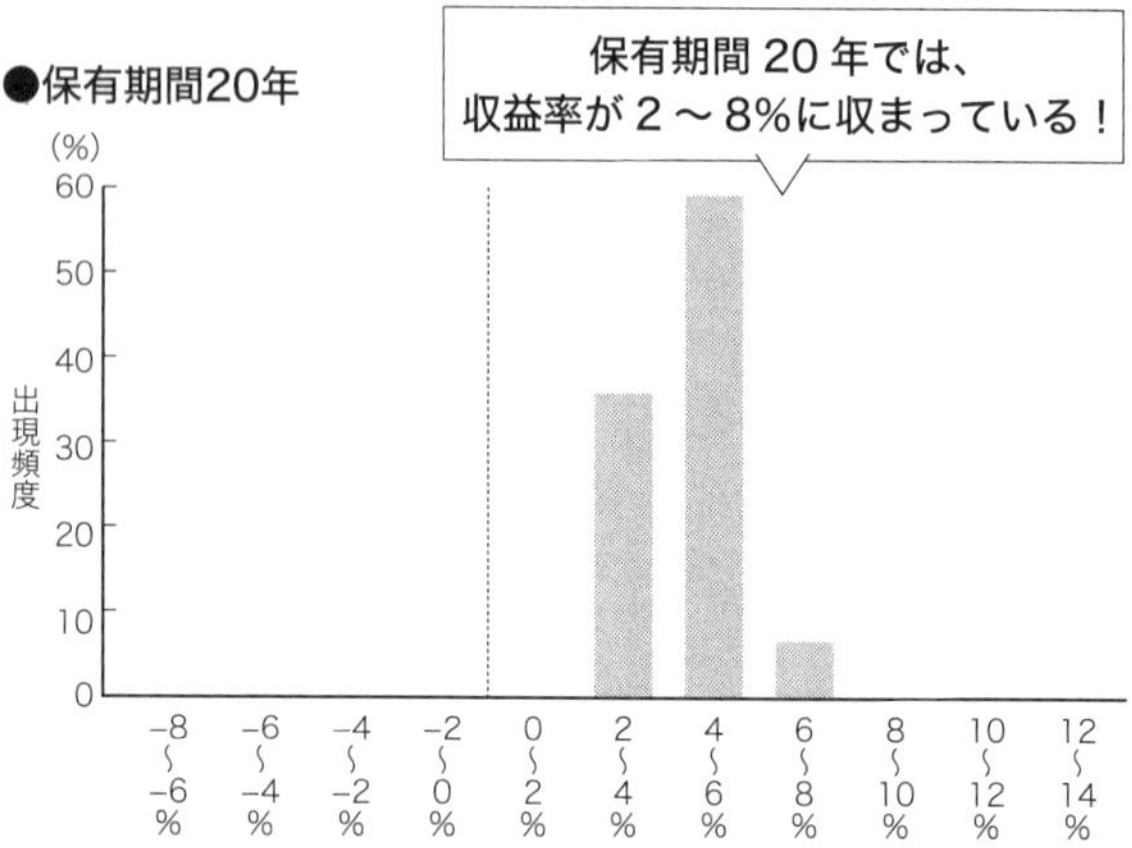

※1985年から2020年の各年に、毎月同額ずつ国内外の株式・債券に投資
※上記は過去の実績を元にした算出結果であり、将来の投資成果を予測・保証するものではありません。
金融庁「つみたてNISA早わかりガイドブック」を元に（株）Money&You作成

せん。そのうえ、ほかの資産の値上がりで損失をカバーできる可能性もあります。たとえば、株式と債券は一般的に逆の値動きをします。そのため、株式と債券を両方とも持っていれば、どちらかが値上がり（値下がり）しても対処しやすいというわけです。

金融庁によると、資産や地域を分散した積立投資を20年間行った場合、年率の収益率は2～8％の間に収まるとのこと。長期間投資を行うことで、値下がりのリスクを抑える効果があることがわかります。

投資には手数料や税金もかかります。投資をすると、ついいくら儲かるかと利益ばかり気になるものですが、いくら手に残るかを考えることが重要です。その視点を持つと、**できるだけ低コスト・非課税でできる投資を優先する**心構えになります。

投資では、主に商品を買うとき・保有しているとき・売るときに所定の手数料がかかります。どんな手数料がいくらかかるかは、商品により異なります。

信託報酬の差がリターンに大きな差を生む

運用利回り3%のファンドに毎月3万円の積み立てをした場合

※税金は考慮せず、複利計算

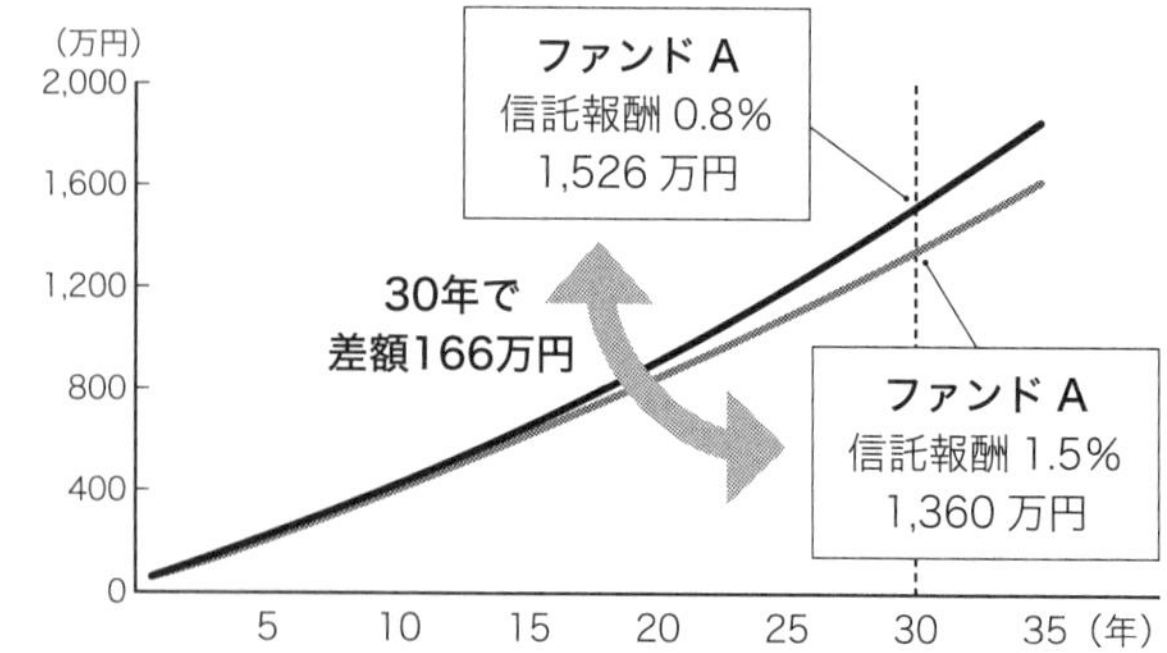

（株）Money&You作成

たとえば投資信託の場合、買うときに購入時手数料（販売手数料）、保有しているときに信託報酬、売るときに信託財産留保額という手数料がかかります。このうち、投資信託を買う際にもっとも重要なのは、信託報酬です。なぜなら、投資信託は長期・積立・分散投資で数十年かけてじっくりとお金を増やす商品だからです。

たとえば運用利回り3%のファンドAとファンドBがあったとします。仮に、信託報酬がファンドAは0・8%、ファンドBは1・5%だとした場合、たった0・7%の違いが30年の投資によって1

66万円の利益の差を生みます。
投資信託のリターンは運用をしてみないとわかりませんが、手数料はあらかじめ選ぶことができますので、なるべく安いものを選ぶようにしましょう。

また、投資の利益には通常20・315％の税金がかかります。税金は支払うのがルールとはいえ、重いコストであることに違いありません。しかし、後述するNISA（少額投資非課税制度）やiDeCo（個人型確定拠出年金）を利用すれば、投資にかかる税金をゼロにできます。また、利益を再度投資に回すことで複利効果も高まります。

まずはこれらの**非課税制度を優先的に利用するところから始めましょう。**

投資の利益が非課税になるNISA

NISAは、投資で得られた利益（運用益）にかかる20・315％の税金をゼロに

一般NISAとつみたてNISAの違い

	一般NISA	つみたてNISA
利用できる人	日本に住む 18歳以上の方	日本に住む 18歳以上の方
買付可能期間	2023年末まで	
年間投資上限額	120万円	40万円
非課税となる期間	5年間	20年間
投資対象商品	上場株式・ETF・REIT・投資信託	金融庁が定めた基準を満たす投資信託・ETF
投資方法	一括買付・積み立て	積み立て
資産の引き出し	いつでも可能	
両制度の併用	不可能	
売却枠の再利用	不可能	

（株）Money&You作成

できるお得な制度。2023年時点で、NISAには、一般NISA・つみたてNISA・ジュニアNISAの3つの制度があります。このうち、日本に住む18歳以上（口座開設年の1月1日時点）の人が利用できるNISAには、一般NISAとつみたてNISAがあります。

一般NISAは、**年間120万円までの投資で得られた利益を5年間にわたって非課税にできる制度**です。一般NISAでは上場株式・ETF・REIT（不動産投資信託）・投資信託を購入することができます。

つみたてＮＩＳＡは**積立投資専用のＮＩＳＡ。年間の投資上限額こそ40万円と、一般ＮＩＳＡの3分の1ですが、一般ＮＩＳＡの4倍、20年にわたって投資で得られた利益を非課税にできます**。つみたてＮＩＳＡでは、金融庁の定めた基準を満たす約２００本の投資信託・ＥＴＦに投資ができます。

ＮＩＳＡで投資した資産は、いつでも引き出しが可能です。ただ、非課税で投資した金額（非課税枠）は再利用できません。たとえば、つみたてＮＩＳＡで投資した40万円分の投資信託のうち20万円を売ったとしても、その20万円分の非課税枠はもう使えなくなってしまうのです。また、一般ＮＩＳＡとつみたてＮＩＳＡは併用ができないため、どちらかを選んで利用する必要があります。

また、一般ＮＩＳＡ・つみたてＮＩＳＡでの買付可能期間は２０２３年末までとなっています。２０２４年からＮＩＳＡの制度が改正されて、新しいＮＩＳＡの制度になるからです。

現行NISAから「統合NISA」へ

一般NISA・つみたてNISA・ジュニアNISAの現行NISAの新規の買い付けは、2023年末をもって終了します。2024年からは、新しいNISAの制度がスタートし、以後は新しいNISAの制度で投資ができるようになります。新しいNISAの制度は、現行の一般NISAとつみたてNISAを合わせたような制度なので、ここでは統合NISAと呼びたいと思います。

現行NISAと統合NISAの違い・変更点は、左ページの図のとおりです。統合NISAは、現行NISAよりも制度が大幅に拡充されています。具体的には、次のような変更点があります。

①NISA制度が恒久化される

現行NISAでは、たとえば一般NISAは2028年まで、つみたてNISAは

現行NISAと統合NISAの比較

	現行		【新設】統合NISA	
	つみたてNISA	一般NISA	つみたて投資枠	成長投資枠
対象年齢	18歳以上		18歳以上	
投資可能期間	2023年末で買付終了		**2024年からいつでも（恒久化）**	
非課税期間	20年間	5年間	**無期限**	
年間投資枠	40万円	120万円	**120万円**	**240万円**
生涯投資上限	800万円	600万円	**買付残高1800万円 (うち成長投資枠1200万円)**	
投資商品	国が定めた基準を満たす投資信託・ETF	上場株式・ETF・REIT・投資信託	国が定めた基準を満たす投資信託・ETF	**上場株式・ETF・REIT・投資信託 (高レバ投信等除く)**
投資方法	積立	一括・積立	積立	一括・積立
両制度の併用	不可		**可**	
売却枠の再利用	不可		**可（投資元本ベースの管理、枠復活は翌年）**	

（株）Money&You作成

２０４２年までという具合に、制度の期限が定められていました。しかし、統合ＮＩＳＡの制度は恒久化されたため、２０２４年以降期限を気にせずいつでも非課税の投資ができます。

②非課税保有期間が無制限になる

現行の一般ＮＩＳＡ・つみたてＮＩＳＡでは、非課税保有期間が終わった商品は課税口座（特定口座または一般口座）に移して保有する仕組みでした（一般ＮＩＳＡでは、新しい非課税投資枠に商品を移す「ロールオーバー」も可能）。

２０２４年からの統合ＮＩＳＡで投資した資産は、非課税保有期間が無期限ですので、「課税口座に移す」「ロールオーバー」といった作業も不要ですし、いつまででも運用益非課税の恩恵が受けられます。

③年間投資枠が大きく増加する

現行ＮＩＳＡの年間投資枠は、つみたてＮＩＳＡが年40万円、一般ＮＩＳＡが年1

20万円でした。また、一般NISAとつみたてNISAは併用できないため、どちらかを選んで利用する必要があります。

これに対して統合NISAでは「つみたて投資枠」で年120万円、「成長投資枠」で年240万円、合計で年間360万円まで投資できるようになります。両方の投資枠を併用することができます。

④生涯投資枠が設けられる

統合NISAでは、新たに生涯にわたる非課税限度額（生涯投資枠）が設けられます。生涯投資枠の上限は1800万円（うち成長投資枠は1200万円）です。

現行NISAでは、非課税投資枠は一度商品を買って売ると再利用できませんでしたが、統合NISAでは商品を売却して生涯投資枠に空きが出ると翌年に復活するため、その空き（売却枠）を再利用して新しく非課税の投資をすることができます。なお、売却枠が再利用できるからとはいえ、年間投資枠360万円は超えることはできません。

現行NISAでは、非課税期間の残っている資産を売ると、残りの非課税期間が使えなくなってしまうため「もったいないから売れない」という問題がありました。しかし今後は、非課税投資枠が復活するため、住宅購入資金、教育資金、余暇資金などを用意するのにも使いやすくなります。また増えた資産を売って減った資産を買うことで資産の偏りをなくすリバランス（スイッチング）もしやすくなります。

⑤一部商品は購入できなくなる

統合NISAのつみたて投資枠では、つみたてNISAと同様、金融庁の基準を満たす、長期でお金を増やせると見込める投資信託・ETF（上場投資信託）を積立で購入できます。こちらは、特に変更ありません。

統合NISAの成長投資枠では一般NISAと同様、株式・投資信託・ETF・REIT（不動産投資信託）を購入できます。一括でまとめて買うこともできますし、積立でも購入できます。ただし、安定的な資産形成のため、成長投資枠では「株式投資の監理銘柄・注意銘柄」「高レバレッジ投資信託」「毎月分配型投資信託」などの商品は投資対象から除外されます。もっとも、これら除外される商品はいずれも、長期の資産形成に向かない商品です。購入できなくなるというとデメリットのように感じられるかもしれませんが、そんなことはなく、むしろメリットだといえます。

このように、2024年からの統合NISAの制度は、大きく拡充されます。今後は、**「投資をするならまずは統合NISAから」**と呼べる制度になっていくでしょう。

なお、2024年に統合NISAが始まるからといって、投資のスタートを2024年まで待つ必要はありません。現行NISAの資産は、2024年以降の統合NISAとは別枠で、現行の非課税期間で保有できます。統合NISA利用前に現行NISAを利用していた人は、その分非課税で投資できる金額が多くできることになります。

そのうえ、早く投資を始めて長く続けることで、複利効果を早く受けることにつながり、お金の増えるスピードがアップします。

ですから、可能ならば2023年から投資をスタートさせましょう。2023年に利用するのはつみたてＮＩＳＡがおすすめ。一般ＮＩＳＡのほうが非課税投資金額こそ多いのですが、つみたてＮＩＳＡのほうが長く非課税運用ができ、複利効果やドル・コスト平均法を生かして堅実に増やす期待ができるからです。

節税しながら老後資金を貯める最強の制度「ｉＤｅＣｏ」

ｉＤｅＣｏ（イデコ・個人型確定拠出年金）は、**公的年金では不足する分を補う「私的年金」と呼ばれる制度のひとつ**です。自分で出した（拠出した）掛金を運用し、その成果を60歳以降に受け取ります。将来の受給額は運用次第で増えることもあれば、減ることもあります。

ｉＤｅＣｏの掛金は毎月５０００円からで、１０００円単位で増額ができます。一方、上限は働き方や企業年金の有無で異なります。

iDeCoの全体像

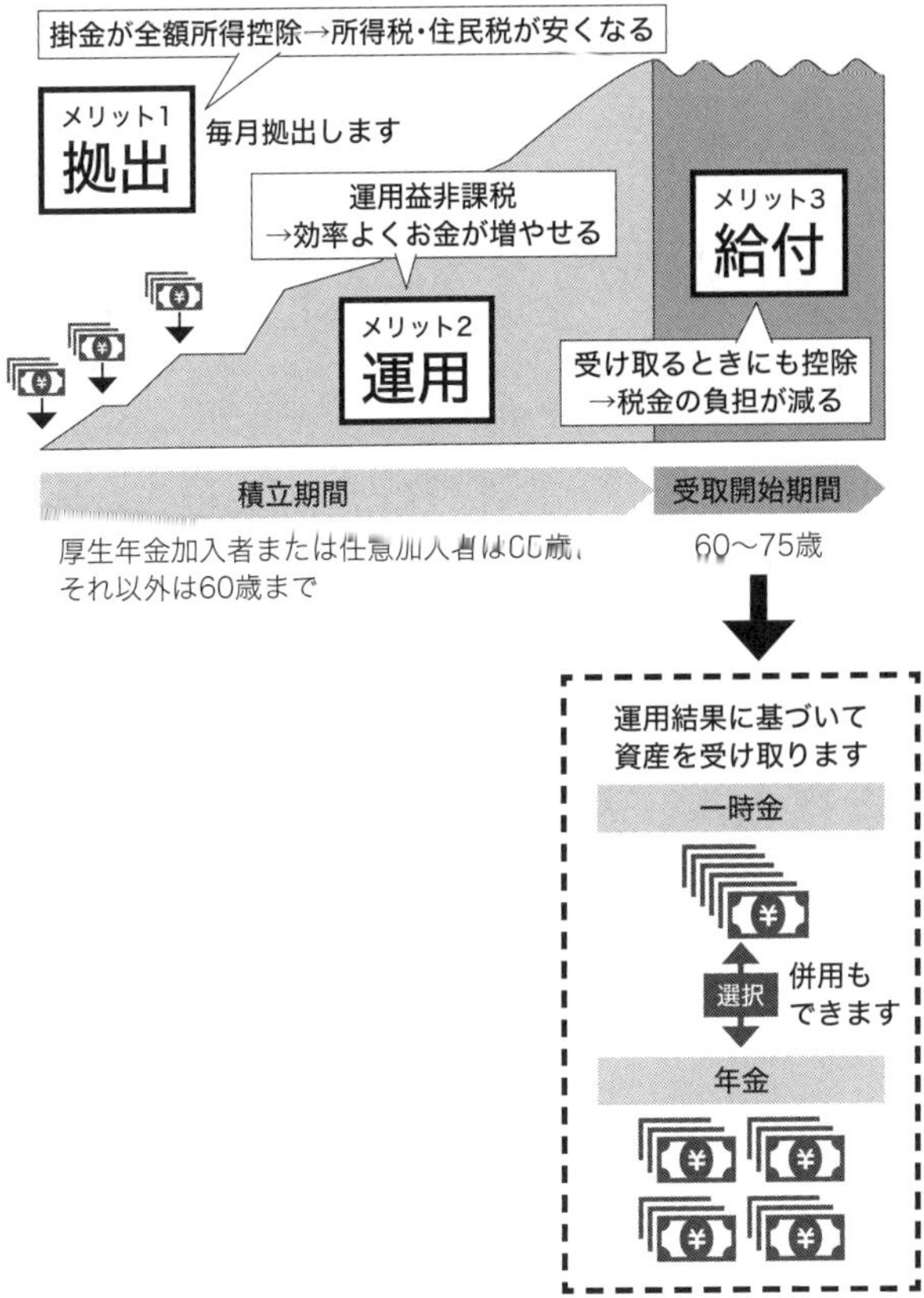

(株)Money&You作成

【iDeCoの掛金の上限額】

●国民年金第1号被保険者

自営業者・フリーランス・学生…月額6万8000円・年額81万6000円

●国民年金第2号被保険者

【会社員】

企業年金がない場合…月額2万3000円・年額27万6000円

企業型確定拠出年金のみある場合…月額2万円・年額24万円

確定給付型企業年金がある場合…月額1万2000円・年額14万4000円

【公務員】

月額1万2000円・年額14万4000円

●国民年金第3号被保険者

専業主婦（主夫）…月額2万3000円・年額27万6000円

国民年金第2号被保険者の会社員・公務員と、国民年金の任意加入者（60ページ参照）は65歳までiDeCoに加入して掛金を出すことができます。その他の国民年金第1号・第3号被保険者は60歳までとなっています。

iDeCoの最大のメリットは、掛金の拠出時・運用時・給付時の3つのタイミングで税制優遇が受けられることです。

①掛金の拠出時…掛金が全額所得控除でき、所得税や住民税が減らせる

iDeCoで支払った掛金は、毎年全額が「小規模企業共済等掛金控除」という所得控除の対象になります。そのため、税金計算の元となる課税所得を減らす効果が得られます。これにより、所得税や住民税が安くできるというわけです。

たとえば、企業年金のない会社員が毎月2万円iDeCoの掛金を出した場合、年間の掛金の合計24万円が所得控除されます。この会社員の所得税率が10％の場合（住民税率は所得税率に限らず一律10％）、所得税が年2万4000円、住民税が年2万4000円、合わせて4万8000円安くなります。これを仮に15年間続けたとしたら、安くなる税金の合計は72万円にもなります。自分の年金のためにお金を貯めなが

ら、税金も安くできる大きなメリットといえます。

50代からiDeCoを始めても、遅すぎることはありません。iDeCoは条件を満たせば65歳まで掛金を出すことができます。この間、働いて税金を納めているならば所得控除による節税効果を得られます。

②掛金の運用時…投資の利益に税金がかからない

iDeCoの運用で得られた利益には、税金がかかりません。これは、前述のNISAと同じメリットです。

iDeCoの運用先には、元本確保型商品の定期預金と保険、そして元本変動型商品の投資信託の3種類があります。金融機関によってラインナップは異なりますが、多くの金融機関では定期預金や保険を数本、投資信託を10本〜30本程度扱っています。

どの商品を選んでも掛金の全額所得控除のメリットは受けられます。しかし、運用益非課税のメリットを大きく生かせるのは投資信託だけです。なぜなら、定期預金や保険はリスクがとても低いため、お金が減らない代わりにほとんど増えないからです。

投資信託ならば、運用次第でお金が増える可能性があります。そのため、運用益非課税の恩恵を十分に生かすことができる、というわけです。

③掛金の受取時…税金の負担が減らせる

iDeCoの資産は、原則として60歳から75歳までの間に一時金か年金で受け取りを開始します（一時金と年金を併用することも可能）。iDeCoの資産を受け取るとき、一時金ならば「退職所得控除」、年金ならば「公的年金等控除」が利用できるため、税金の負担を減らすことができます。

NISAと違い、**iDeCoの資産は原則として60歳まで引き出すことはできません**。しかし、老後資金を確実に貯めるという観点からは、このことも決してデメリットだとはいえません。もしもiDeCoの資産を引き出せてしまったら、「今月はお金がピンチだから引き出してしまおう」などと、ついお金を使ってしまうかもしれません。しかし、iDeCoならばお金を引き出せませんので、**60歳以降の老後資金を**

確実に用意できるというわけです。

iDeCoでもらえる3種類の給付金（老齢給付金・障害給付金・死亡一時金）

iDeCoでもらえる給付金には、老齢給付金・障害給付金・死亡一時金の3種類があります。

●老齢給付金

iDeCoの基本の給付金は、老齢給付金です。老齢給付金は、加入者が原則として60歳になるともらえる給付金です。もらえる時期が近づくと、iDeCoの運営管理機関から連絡がきます。ただ、必ずしもすぐにもらう必要はありません。iDeCoの老齢給付金は60歳から75歳までの好きなタイミングからもらい始めることができます。もらいたいタイミングになったら手続きをすれば、老齢給付金がもらえます。

iDeCoの加入期間と受取開始年齢の関係

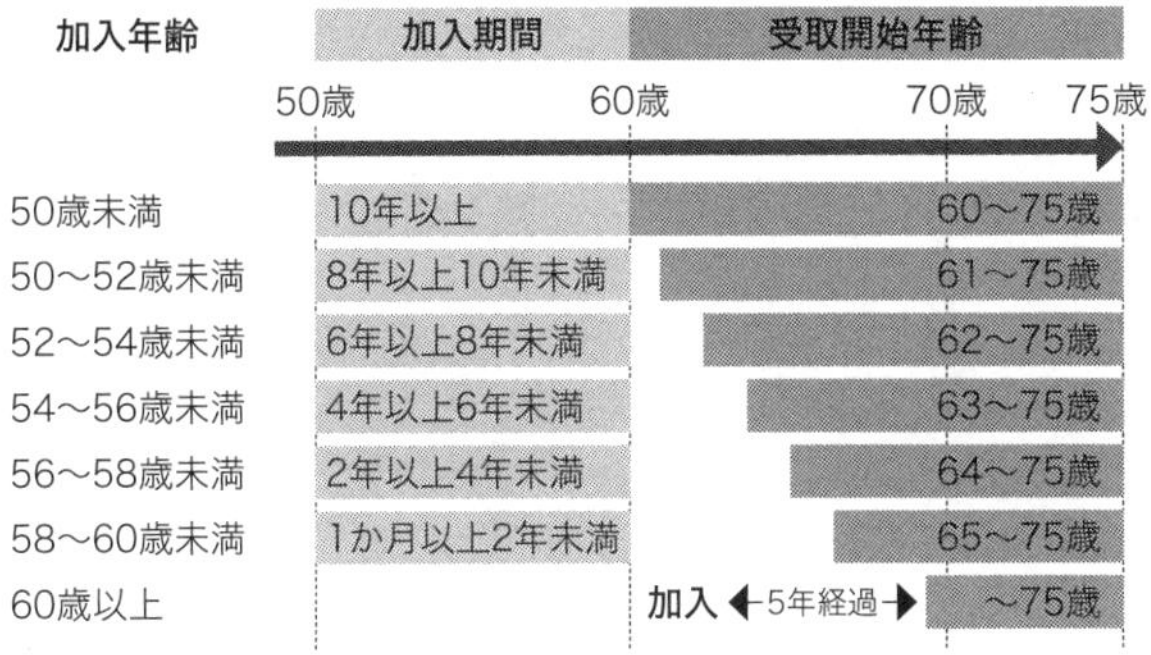

(株)Money&You作成

ただし、**iDeCoの老齢給付金を60歳からもらえるのは、60歳時点でiDeCoの加入期間が10年以上ある人のみです。**10年に満たない場合は、もらいはじめるタイミングが段階的に遅くなります。また、60歳以降にiDeCoに加入した場合は、加入後5年経過してからもらえるようになります。

iDeCoでは65歳以降は掛金を新たに出すことはできないものの、一時金受け取りの場合、資産を受け取る75歳までは運用益非課税で運用できます。

さらに、年金受け取りの場合は最長20年に分割して受け取れますが、その間も運用は継続できますので、最長で95歳になるまで運用益非課税で運用することも可能です。

つまり、**今50歳だとしても25年〜45年、60歳でも15年〜35年は運用ができる**のです。逆にいえば、早く始めるほど長く運用ができ、資産を増やしやすくなります。なお、万が一受給開始年齢を過ぎてしまうと、一時金でしかもらえなくなります。

●障害給付金

加入者が障害状態になった（障害基礎年金１級・２級の受給者、身体障害者手帳１級〜３級の交付者など）ときは、加入者が60歳未満でもｉＤｅＣｏの資産を引き出せます。障害給付金も一時金、年金、一時金と年金の併用の方法で受け取れます。

障害給付金を受け取るには、病気やケガで医師の診察をはじめて受けた「障害認定日」から１年６か月が経過したあとに支給の申請を行います。給付が決まったら、それまでのｉＤｅＣｏの資産を指定した方法で受け取ります。なお、障害給付金は非課税で受け取れます。

●死亡一時金

iDeCoの加入者が死亡した場合、遺族が受け取れる年金資産が死亡一時金です。死亡一時金の受取人は、指定されている人が最優先でもらえます。受取人が指定されていない場合は、以下の順でもらえる人が決まります。

1位　配偶者
2位　死亡した人と生計を維持していた①子②父母③孫④祖父母⑤兄弟姉妹（数字はもらえる順番）
3位　2位以外で死亡した人と生計を維持していた人
4位　死亡した人とは生計を維持していなかった①子②父母③孫④祖父母⑤兄弟姉妹

同じ順位の場合、早く記載されている人が優先です。また、同じ順位・記載の人が2人いる（たとえば、子が2人いる）場合は、その人数で分割します。

死亡一時金を受け取るには、遺族による手続き（裁定請求）が必要です。故人が加入していた金融機関に問い合わせて、必要な書類を確認して手続きを進めましょう。

給付が決定すれば、一時金の形で遺族が受け取れます（年金形式はありません）。

なお、死亡一時金は、「みなし相続財産」として相続税の対象になりますが、法定相続人×500万円までは非課税です。ただし、亡くなってから5年以内に請求しないと、死亡一時金は相続人のいないものとみなされて国庫に帰属し、受け取れなくなってしまいます。

亡くなった方がiDeCoに加入していたことを遺族が知らなければ請求のしようもありません。ですから、iDeCoに加入したら家族にその旨を伝えておきましょう。

NISA・iDeCoおすすめ金融機関

NISAもiDeCoも、税制優遇を受けて効率よくお金を増やせるお得な制度ですが、どちらも1人1口座しか開設できません。そのうえ、ひとくちにNISA・iDeCoといっても、金融機関によってサービスが異なります。金融機関は後から変更することもできるのですが、手続きに時間や手間が取られてしまいます。したがって、はじめからいい金融機関でＮＩＳＡ・ｉＤｅＣｏを利用するようにしましょう。
ＮＩＳＡ・ｉＤｅＣｏの金融機関選びのポイントをまとめます。

●NISAの金融機関選びのポイント

・いい投資信託を取り扱っているか（つみたてNISA・統合NISAのつみたて投資枠）

つみたてＮＩＳＡ・つみたて投資枠で購入できる商品は、金融機関によって異なります。ネット証券では対象の商品の大部分を扱っているのに対し、店舗型の銀行や証券会社では商品を絞りこんでいます。目当ての商品を見つけやすいのはネット証券でしょう。

・最低投資金額が安いか（つみたてNISA・統合NISAのつみたて投資枠）

多くの金融機関では最低１０００円からですが、１００円からできる金融機関も。少額からスタートできれば、試しに取り組んで、値動きの感覚をつかむことができます。

・情報がわかりやすいか、相談しやすいか（NISA共通）

金融機関のウェブサイトやツール、パンフレットなどがわかりやすいか、のぞいてみましょう。これらがわかりやすい金融機関は、顧客のことを大切にしているといえます。

また、困ったこと、わからないことが出てきたとき、すぐに相談できると安心です。平日の夜や休日でも問い合わせできたり、対面で相談できたりすると安心です。

・株式投資をしたいなら証券会社（統合NISA）

株式投資は、銀行ではできません。株式投資をしたい場合は、証券会社に口座開設しましょう。手数料を抑えるならば、ネット証券です。

・ポイント還元などの特典があるか（NISA共通）

金融機関によっては、購入額に応じたポイント還元が受けられるなど、特典があるところもあります。どうしても金融機関に悩む場合は、お得な特典を得られるところを選ぶのもいいでしょう。

●iDeCoの金融機関選びのポイント

・運営管理手数料は安いか

iDeCoでは、どの金融機関でも、口座を作るときに2829円（税込）、加入中（掛金拠出中）に「口座管理手数料」として毎月171円（税込）の手数料がかかります。

そのうえ、金融機関によっては、加入する金融機関に支払う「運営管理手数料」がかかる場合があります。運営管理手数料は、無料の金融機関もあれば、年5000円程度かかるところもあります。運営管理手数料は無料、もしくはあっても安いところを選びましょう。

・商品のラインナップはどうか

ｉＤｅＣｏで投資できる商品は金融機関によって異なります。多くは、定期預金または保険の元本確保型商品が1本～3本程度、投資信託が10本～30本程度用意されています。投資先の国や資産がバランスよく揃っているか、投資信託の信託報酬が安いかをチェックしましょう。

・サービスが充実しているか

ＮＩＳＡ同様、困ったときに相談できる体制が整っていると安心です。サイトの見やすさ、ＦＡＱの充実度、平日夜や土日などでも窓口・電話で相談できるかをチェックしましょう。

NISA・iDeCoおすすめ金融機関

	つみたてNISA（つみたて投資枠）		iDeCo	特典	備考
	取り扱い商品数	最低投資金額	運営管理手数料		
SBI証券	192本	100円	無料	Tポイント Pontaポイント dポイント JALのマイル	●つみたてNISAではTポイント・Pontaポイント・dポイント・JALのマイルから好きなポイントを選んで貯められる ●iDeCoは15年を超える運営実績がある
楽天証券	190本	100円	無料	楽天ポイント	●つみたてNISAの代金を楽天キャッシュ払い・楽天カード払いすると楽天ポイントが貯まる ●iDeCoのコールセンターは土日も営業
マネックス証券	167本	100円	無料	マネックスポイント	●つみたてNISAの代金をマネックスカード払いするとマネックスポイントが貯まる ●iDeCoの問い合わせは専門のスタッフが対応
イオン銀行	20本	1000円	無料	イオン銀行スコア	●つみたてNISA・iDeCoの利用でイオン銀行スコアがもらえ、普通預金金利アップなどの特典が受けられる ●店舗窓口では365日年中無休で相談可能。オンライン相談もできる
ろうきん（労働金庫）	13本	5000円	月310円（年3720円）	キャンペーン時のみギフトカード	●つみたてNISAの口座開設と対象取引でギフトカード、iDeCoの新規契約でQUOカードがもらえる（キャンペーン時） ●窓口で相談可能

2023年4月12日時点の情報を元に（株）Money&You作成

NISA・iDeCoおすすめ商品

長期・積立・分散投資でお金を堅実に増やすためにおすすめなのは「インデックス型」または「バランス型」の投資信託です。インデックス型は、TOPIXやS&P500といった、市場の値動きを示す指標と連動することを目指す投資信託です。手数料が安く、経済成長に合わせてお金を増やすことができます。また、バランス型は「国内と外国の株式と債券」といったように、1本で複数の資産にまとめて投資できる投資信託です。1本買うだけでさまざまな資産への分散投資ができて、資産の偏りを調整するリバランスも自動でしてくれます。

インデックス型・バランス型の投資信託は、投資信託の規模を表す純資産総額と価格を表す基準価額がともに右肩上がりで増えていることが大切です。いずれも、運用成績が好調で、投資家からの人気が高いことを示します。

信託報酬が安いことも重要です。特に、同じベンチマークの商品は同じような値動きをしますので、信託報酬が安いものほど有利です。インデックス型・バランス型の

リスク許容度＝「自分が損にどのくらい耐えられるか」を示した度合い

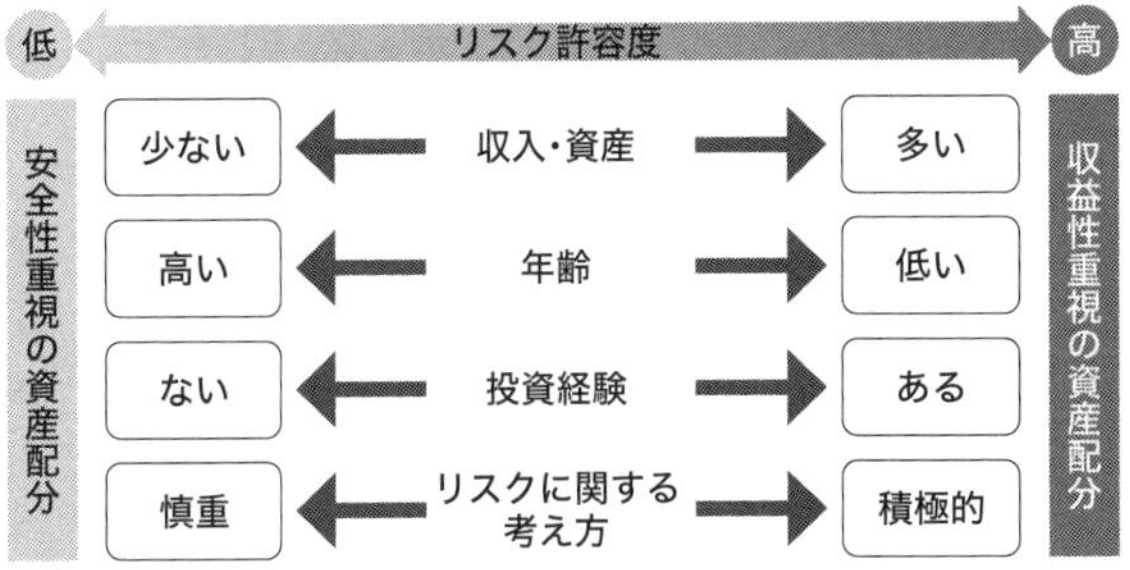

（株）Money&You作成

場合、年0・1〜0・3％が目安です。

分散投資の観点でいうと、投資信託の投資先の資産は、なるべく多い方がいいでしょう。市場の値動きをより幅広くカバーするからです。たとえば米国のNYダウ（ダウ平均株価）は30銘柄の値動きをもとに算出していますが、S&P500は500銘柄。この場合、S&P500のほうが、市場の姿を反映し、分散投資効果も高いでしょう。

これらの条件を満たす投資信託のなかから投資先を選ぶ際には、自分の「リスク許容度」を考えます。リスク許容度とは、「自分が損にどのくらい耐えられるか」を示す度合いのことです。リスク許容度は、収入・資産・年齢・投資経験などによって変わります。

また、いくら収入や資産が多いなど、リスク許容度が高いと考えられる人でも、リスクに対して慎重な考え方をもっている人は、リスク許容度が低いといえます。

リスク許容度は、高ければいいというものではありません。自分がどうなのかを知ることが大切です。自分のリスク許容度に合わせて、購入する投資信託を選んでいきます。以下、リスク許容度別におすすめ投資信託を解説します。

●リスクを抑えたい人向け

リスク許容度が低く、投資のリスクを抑えたい場合は、**国内外の株式と債券の4資産に投資する「4資産均等型」の投資信託がいい**でしょう。

投資商品のリスクは「債券、不動産、株式」の順に高くなります。また、投資先の国によるリスクは「国内、先進国、新興国」の順に高くなります。「ニッセイ・インデックスバランスファンド（4資産均等型）」は、国内・海外（先進国）の株式と債券に25％ずつ均等に投資するバランス型の投資信託です。株式と債券の比率が50％ずつ、国内と海外の比率も50％ずつで、比較的リスクを抑えた運用を行います。

●やや積極的にリターンを狙いたい人向け

もう少しリスクを取ってもいい場合は、**国内・先進国・新興国の株式と債券、国内外の不動産（REIT）の合計8つの資産に均等に投資する「8資産均等型」のバランス型投資信託がいい**でしょう。「eMAXIS Slim バランス（8資産均等型）」もそのひとつです。債券の割合が37・5％と「ニッセイ」より少なく、先進国だけでなく新興国の株や債券も組み入れているので、ややリスクは高めです。

●積極的にリターンを狙いたい人向け

さらに積極的にリスクが取れるのであれば、**全世界株・米国株に投資する投資信託を選ぶ**ようにします。「eMAXIS Slim 全世界株式（オール・カントリー）」は、世界47カ国の大中型株3000銘柄で構成される指標との連動を目指す投資信託。投資信

インデックス型・バランス型のおすすめ投資信託

	積極的にリターンを狙いたい人向け	やや積極的にリターンを狙いたい人向け	リスクを抑えたい人向け
	【インデックス型】eMAXIS Slim 全世界株式（オール・カントリー）	【バランス型】eMAXIS Slim バランス（8資産均等型）	【バランス型】ニッセイ・インデックスバランスファンド（4資産均等型）
資産の種類	全世界株（日本含む）	国内外の株・債券 不動産（REIT）	国内外の株・債券
設定日	2018年10月31日	2017年5月9日	2015年8月27日
信託報酬（年率）	0.1144%	0.154%	0.154%
純資産総額（億円）	9864億円	1853億円	290億円
リターン（年率）	3年：20.63% 5年：──	3年：10.06% 5年：5.20%	3年：9.03% 5年：5.41%
つみたてNISA（統合NISAのつみたて投資枠）	○	○	○
iDeCo	○	○	×

（株）Money&You作成　　2023年4月12日時点

託についてのブログを書いているブロガーがよい投資信託を投票で選ぶ「投信ブロガーが選ぶ！Fund of the Year」にて、2019年から2022年まで4年連続で第1位を獲得しています。

会社員・公務員のiDeCoのおトクな「受け取り方」

iDeCoや退職金の受け取り方には、一時金、年金、一時金&年金の3通りあります。どのように受け取るかによって、税金や社会保険料が変わります。

一時金は、一括でまとめて受け取る方法です。一時金で受け取った場合は「退職所得」として所得税・住民税の課税対象になります。退職所得は分離課税となり、他の所得とは区別して課税されます。

一時金の場合、税金を計算するときに「退職所得控除」という控除が利用できます。退職所得控除が退職金よりも多い場合には、税金はかかりません。また、退職金が退職所得控除より多い場合には、退職金から退職所得控除の金額を引き、さらに2分の1をかけた金額が退職所得となります。この退職所得に所定の税率をかけ、控除額を差し引くことで、所得税や住民税の金額が算出されます。つまり、退職所得控除によって、退職金にかかる所得税や住民税を大きく減らすことができるのです。

一時金の場合の税金

退職所得は分離課税となり、他の所得とは区別して課税される

退職所得＝（退職一時金－退職所得控除）×1/2

※勤続年数が5年以下の場合、退職所得が300万円超のときは1/2を適用できない

勤続年数	退職所得控除
20年以下	40万円×勤続年数（80万円に満たない場合には80万円）
20年超	800万円＋70万円×（勤続年数－20年）

※勤続年数の年未満の端数は切り上げ　(例)38年と1日で退職なら39年となる

一時金の場合の社会保険料

社会保険料の負担なし

退職後、国民健康保険に加入する場合も退職所得は除外して保険料を計算

（株）Money&You作成

注目したいのは、退職所得控除の「勤続年数・加入年数」。**退職所得控除は、退職金の場合は勤続年数、iDeCoの場合は加入年数で計算**します。

退職所得控除の金額は勤続年数・加入年数が長くなるほど多くなります。そして、20年以下か20年超かで退職所得控除の計算式が変わります。20年以下の場合は毎年40万円ずつ増加するのに対し、20年超の部分は毎年70万円ずつ増加するようになっています。そして、1年未満の端数はたった1日でも1年に「切

り上げ」となります。たとえば、iDeCoの加入期間が30年ちょうどならば加入期間は「30年」ですが、「30年と1日」ならば加入期間は「31年」となるため、退職所得控除の金額が1日で70万円変わります。

なお、一時金でもらう場合には社会保険料の負担は増えません。

対する**年金は、10年間、15年間など、一定の年数をかけて少しずつ受け取る方法**です。iDeCoの場合、最長で20年間に分けて受け取ることができます。しかし、年金で受け取ると退職所得ではなく「雑所得」の扱いになるため、退職所得控除は利用できません。毎年の公的年金などの収入を合算した金額から「公的年金等控除」という控除を差し引いた雑所得に所定の税率をかけ、控除額を差し引くことで、税金を算出します。

年金で受け取る場合の社会保険料は、退職金をもらったあとも継続して働く場合には会社の社会保険に加入しますので、保険料に影響はありません。一方、国民健康保険加入の場合には、雑所得も含めた所得で保険料を計算することになるため、毎年受

年金の場合の税金・社会保険料

年金の場合の税金

年金で受け取ると**雑所得**となり、他の所得と合わせて総合課税
公的年金等と合わせて一定額までは公的年金等控除が受けられる

公的年金等の雑所得＝年金－**公的年金等控除**

<table>
<tr><th rowspan="2">年金等の収入の合計（A）</th><th colspan="2">公的年金等控除</th></tr>
<tr><th>65歳未満</th><th>65歳以上</th></tr>
<tr><td>130万円以下</td><td>60万円</td><td rowspan="2">110万円</td></tr>
<tr><td>130万円超～330万円以下</td><td>（A）×25%＋27.5万円</td></tr>
<tr><td>330万円超～410万円以下</td><td colspan="2">（A）×25%＋27.5万円</td></tr>
<tr><td>410万円超～770万円以下</td><td colspan="2">（A）×15%＋68.5万円</td></tr>
<tr><td>770万円超～1000万円以下</td><td colspan="2">（A）×5%＋145.5万円</td></tr>
<tr><td>1000万円超</td><td colspan="2">195.5万円</td></tr>
</table>

年金の場合の社会保険料

●会社の社会保険加入
一時金の場合と同様、保険料に影響はなし
●国民健康保険加入
雑所得も含めた所得で保険料を計算することになるため
毎年受け取る年金額が保険料に影響

（株）Money&You作成

け取る年金額が保険料に影響します。

退職所得控除は退職金とiDeCoを合算した金額に適用します。このとき、iDeCoを先に受け取るか、退職金を先に受け取るかで合算の対象になる年数が異なります。

●退職金を先に受け取り、iDeCoを後から受け取る場合

「前年から19年以内」に受け取った一時金が退職所得控除の合算の対象

↓退職金受け取りから20年を空ければ、iDeCoの退職所得控除が使える

●iDeCoを先に受け取り、会社の退職金を後から受け取る場合

「前年から4年以内」に受け取った一時金が退職所得控除の合算の対象

↓iDeCo受け取りから5年を空ければ、退職金の退職所得控除が使える

ｉＤｅＣｏを先に受け取り、５年以上空けてから退職金を受け取れば、退職所得控除がｉＤｅＣｏと退職金の両方に使えるため、税金を安くできるというわけです。退職金を先に受け取り、20年以上空けてからｉＤｅＣｏの一時金を受け取ることでも、退職所得控除が利用できますが、こちらは現実的ではありません。つまり、**退職金とｉＤｅＣｏの両方があるなら、ｉＤｅＣｏを先に受け取ったほうがいい**、というわけです。

実際に、受け取り方の違いで税金がいくら変わるのか、試算してみましょう。

【例】
勤続年数35年、ｉＤｅＣｏ加入年数30年の人
退職金：２０００万円　ｉＤｅＣｏ：８００万円を受け取る場合

●60歳で退職金とｉＤｅＣｏを一時金で受け取った場合

退職所得：（２８００万円−１８５０万円）×１／２＝４７５万円

所得税：475万円×20％－42万7500円＝52万2500円
住民税：475万円×10％＝47万5000円
↓納める税金：99万7500円

退職所得は、退職金とiDeCoの合計2800万円から、退職所得控除の1850万円（退職所得控除は長い方が適用されます）を引いた金額の1／2で、475万円です。この475万円から所得税と住民税が計算されます。納める税金は99万7500円になります。

●60歳でiDeCoを一時金受け取り、65歳で退職金を一時金受け取りした場合

・iDeCo
退職所得：800万円－1500万円＝退職所得ゼロ（税金はかからない）
・退職金
退職所得：（2000万円－1850万円）×1／2＝75万円

所得税：75万円×5％＝3万7500円
住民税：75万円×10％＝7万5000円
↓納める税金：11万2500円

先にiDeCoを一時金で受け取り、5年後に退職金を一時金で受け取ります。iDeCoの一時金800万円は退職所得控除1500万円よりも少ないので、退職所得はゼロとなり、税金がかかりません。さらに5年後に退職金を受け取る際には、iDeCoと退職金は合算されず、退職金の退職所得控除が活用できます。それによって、納める税金は11万2500円に。つまりこの場合、税金は約88万円も安くなるのです。

会社員の場合、65歳までiDeCoに加入することで、60歳から65歳までの間、所得控除の効果が得られます。しかし、**iDeCoと退職金をともに受け取る場合には「60歳iDeCo、65歳退職金」で受け取ったほうがお得になるケースがほとんど**でしょう。

とはいえ、会社によっては「退職金の支給は60歳」と決まっていて、退職金を65歳でもらうことができない場合は、60歳で退職金をもらい、iDeCoで65歳まで掛金を出し、65歳で受け取るようにしましょう。

この場合、iDeCoでは退職所得控除が使えませんが、「2分の1課税」は適用されます。退職所得は「一時金×1／2」となり、「1／2」があるおかげで退職所得がより大きく減らせます。また、60歳から65歳までiDeCoに加入することで、毎年の所得控除の効果も得られます。


運用益非課税の効果をより大きく生かしたいのであれば、iDeCoの受け取りを65歳以降にするのもひとつの手です。iDeCoの資産は、65歳以降であっても受け取るまで運用益非課税で運用されます。なお、iDeCoでは口座管理手数料がかかります。運用指図者（新たな掛金を拠出していない）の場合は月66円（年間792円）がかかる点には留意しておきましょう。

60歳iDeCo、65歳退職金で受け取った一時金は新しいNISAで運用することも考えましょう。新しいNISAならば利益に税金がかからないため、資産を取り崩す際の税金を減らすことができます。

フリーランスのiDeCoのおトクな「受け取り方」

会社員と違って、フリーランスや自営業の方には、退職金や厚生年金がありません。手薄になってしまう老後のお金を備えるために、iDeCoと小規模企業共済の両方を活用している方も多いでしょう。iDeCoと小規模企業共済における退職所得控除の合算ルールは、前項で紹介した退職金と同じ関係があります。つまり、iDeCoと小規模企業共済を両方とも一時金でもらうときには、どちらを先に受け取るかで退職所得控除の合算の対象になる年数が変わります。

●小規模企業共済を先に受け取り、iDeCoを後から受け取る場合

「前年から19年以内」に受け取った一時金が退職所得控除の合算の対象
↓小規模企業共済受け取りから20年を空ければ、iDeCoの退職所得控除が使える

●iDeCoを先に受け取り、小規模企業共済を後から受け取る場合

「前年から4年以内」に受け取った一時金が退職所得控除の合算の対象
↓iDeCo受け取りから5年を空ければ、小規模企業共済の退職所得控除が使える

小規模企業共済の一時金（共済一時金）を先に受け取り、iDeCoの一時金を後から受け取る場合、「前年から19年以内」に受け取った一時金が退職所得控除の合算の対象となります。過去の小規模企業共済とiDeCoの一時金の合計額が退職所得控除の金額を超えると、その超えた分に税金がかかってしまいます。

一方、iDeCoの一時金を先に受け取り、小規模企業共済の一時金を後から受け取る場合は「前年から4年以内」に受け取った一時金が退職所得控除の合算の対象になります。

つまり**iDeCoの一時金を先に受け取り、5年以上空けてから小規模企業共済の一時金を受け取れば、退職所得控除がiDeCoと小規模企業共済の両方に使えるため、税金を安くできます。**

実際に、受け取り方の違いで税金がいくら変わるのか、試算してみましょう。

【例】
小規模企業共済の加入年数35年、iDeCo加入年数30年の人
小規模企業共済：2900万円　iDeCo：1000万円を受け取る場合

●65歳で小規模企業共済とiDeCoを両方とも一時金で受け取った場合
退職所得：(3900万円－1850万円)×1／2＝1025万円
所得税：1025万円×33%－153万6000円＝184万6500円
住民税：1025万円×10%＝102万5000円

↓納める税金：287万1500円

退職所得は、小規模企業共済とiDeCoの合計3900万円から、退職所得控除の1850万円を引いた金額の1／2、1025万円となります。この1025万円をもとに、所得税と住民税が計算され、納める税金の合計は287万1500円となります。退職所得にかかる所得税の税率は33％と、とても高くなってしまいました。

先にiDeCoを一時金で受け取り、5年後に小規模企業共済を一時金で受け取ると、納める税金の金額は大きく減ります。

●60歳でiDeCoを一時金受け取り、65歳で小規模企業共済を一時金受け取りした場合

・iDeCo
退職所得：1000万円－1500万円＝退職所得ゼロ（税金はかからない）

・小規模企業共済の共済一時金

退職所得：退職所得：（2900万円−1850万円）×1／2＝525万円

所得税：525万円×20％−42万7500円＝62万2500円

住民税：525万円×10％＝52万5000円

↓納める税金：114万7500円

iDeCoの一時金は1000万円ですが、退職所得控除は1500万円あるので、退職所得はゼロとなり、iDeCoの一時金には税金がかかりません。5年後に小規模企業共済を一時金で受け取る際には、小規模企業共済の2900万円から退職所得控除1850万円を控除できます。それによって、納める税金が114万7500円まで減りました。実に172万円もの節税ができるのです。

さらに税金を減らすために、小規模企業共済の資産を一時金と年金に分けて受け取ると、次のようになります。

●60歳でiDeCo、65歳から小規模企業共済を一時金＋年金で受け取った場合

なお、国民年金は70歳まで繰り下げをしておきます。65歳時点の年金額が79・5万円（2023年度67歳以下の満額）の場合、70歳から約113万円（42％増額）になります。

・iDeCo（60歳で一時金受け取り）
退職所得：1000万円−1500万円＝退職所得ゼロ（税金はかからない）

・小規模企業共済の共済一時金
（65歳で小規模企業共済の2900万円のうち1850万円（退職所得控除の上限）を一時金受け取り）
退職所得：1850万円−1850万円＝退職所得ゼロ（税金はかからない）

・小規模企業共済の共済年金
（小規模企業共済の残り1050万円を65歳〜74歳までの10年間、毎年105万円（1050万円÷10年）受け取り）

65～69歳：105万円－110万円　となり非課税
70～74歳：税金・社会保険料は国民年金のみ受け取った場合より5年間で約90万円増える

60歳でiDeCoを一時金で受け取り、65歳で小規模企業共済を退職所得控除の上限まで一時金で受け取ります。さらに、小規模企業共済の残りを65歳から74歳までの10年にわたって年金で受け取ります。

この例でもiDeCoの一時金は1000万円で、退職所得控除は1500万円なので、退職所得はゼロ。iDeCoの一時金には税金がかかりません。さらにその5年後、小規模企業共済を一時金で受け取る場合、退職所得控除の1850万円までは非課税で受け取れます。

そして、国民年金を70歳まで繰り下げつつ、小規模企業共済の残り1050万円を10年にわたって年金で受け取ると、69歳までの間は公的年金等控除の110万円がフルに利用できるので非課税になります。

70歳以降は国民年金も受け取ることで公的年金等控除以上の金額になるため、税金・社会保険料がかかりますが、その額は5年間で約90万円ですので、「60歳でiDeCo一時金、65歳で小規模企業共済一時金」よりもさらに約25万円の節税ができます。

小規模企業共済は受け取り時期を自分で選べます。ですから、小規模企業共済は、iDeCoの受け取りから5年以上空けて受け取ることを検討してください。

なお、受け取った一時金は新しいNISAで運用すると、利益に税金がかからないため、資産を取り崩す際の税金を減らすことができる点は、会社員・公務員の場合と同じです。

おわりに―お金は使える時に使うという視点も大事―

本書では、年金の仕組みをはじめ、年金をお得に受け取る戦略、注意点をお伝えしてきました。本書で紹介してきた年金をお得に受け取る戦略は、ひとつの指針・目安ではありますが、すべての人がそうするべきだとまでは言いません。寿命がいつかは誰しもわかりませんし、健康寿命も人によって違います。

「繰り上げて後悔するのはこの世、繰り下げて後悔するのはあの世」という言葉もあるとおり、結局どの年齢で受け取り始めるのがもっともよかったのかは、自分が死んだ時にしかわからないのです。

お金があることで選択肢が増えるという観点では、いかにたくさんのお金を得られるかは重要ですが、だからといって「お金を貯め込みすぎて使い切れない」というのもおかしな話です。75歳から年金をたくさんもらっても、使わなければ（使えなければ）意味がありません。「高級老人ホームへの入居の原資にする」などと考えて、お金を貯めるのもいいのかもしれませんが、志半ばで死んでしまってはもったいないですよね。**何事もバランスが大事。お金は使える時に使うという視点も大事**です。

お金を使う価値は、年齢が若いときのほうが高くなります。ですから、年金をもらいはじめても、貯蓄をあえて早めに取り崩し、65〜75歳は多めに使う時期にするというのも、ひとつの考え方です。

後悔しないお金の使い方・使い道を見つけ出すために、「タイムバケット」を活用しましょう。 タイムバケットは、現在から人生最期の日までの間を5年・10年などの間隔で区切り、その区切り（時間のバケツ＝タイムバケット）に、やりたいことや起こりうる大きなイベントを書いていくものです。

あなたの人生ですから、あなたがやりたいことを自由に書き込んでみましょう。タイムバケットの作成を通じて、自由な時間を得たからできること、健康だからこそ楽しめること、お金があるから実現できることが、それぞれ違うことに気づくはずです。

60歳、65歳、70歳、75歳、80歳、85歳、90歳。あなたは何を達成したいですか？

本書が、最期の日を迎えたときに、「これでよかった」と思える人生づくりの手助けになれば幸いです。

本書を執筆するにあたり、編集をご担当いただいたマイナビ新書の田島孝二さん、執筆サポートをしてくれた畠山憲一さんには心から感謝いたします。また、いつも私を支えてくれている株式会社Money&Youのメンバー、仕事仲間、家族、友人、知人にもこの場を借りてお礼を申し上げます。

本書が、みなさまのお役に立つことを心より願っています。

２０２３年５月吉日　頼藤太希

●著者プロフィール

頼藤太希（よりふじ・たいき）

㈱ Money & You 代表取締役／経済ジャーナリスト。中央大学商学部客員講師。早稲田大学オープンカレッジ講師。慶應義塾大学経済学部卒業後、外資系生命保険会社にて資産運用リスク管理業務に従事。2015 年に現会社を創業し、現職へ。資産運用・税金・年金・家計管理などに関する執筆、講演などを通して日本人のマネーリテラシー向上に注力すると同時に、月 400 万 PV 超の女性向け Web メディア『Mocha』や登録者 1 万人超の YouTube『Money&YouTV』を運営。『定年後ずっと困らないお金の話』（大和書房）、『マンガと図解 はじめての資産運用』（宝島社）、『はじめての NISA & iDeCo』（成美堂出版）など著書累計 100 万部超。日本年金学会会員。日本証券アナリスト協会検定会員。宅地建物取引士。ファイナンシャルプランナー（AFP）。日本アクチュアリー会研究会員。

Twitter: @yorifujitaiki

Money&Youのおすすめコンテンツ

YouTube「Money&YouTV」

チャンネル登録
お待ちしてます！

Voicy「1日5分でお金持ちラジオ」

1日5分聴いて実践するだけでお金持ちになれるTIPSを週2回配信！

Podcast「マネラジ。」

ゆる〜くマネーについて語るラジオ♪
聴くだけでお金の勉強ができちゃいます！

マイナビ新書

人生に必要な年金の常識

2023年5月31日　初版第1刷発行

著　者　頼藤太希
発行者　角竹輝紀
発行所　株式会社マイナビ出版
〒101-0003　東京都千代田区一ツ橋2-6-3　一ツ橋ビル 2F
TEL 0480-38-6872（注文専用ダイヤル）
TEL 03-3556-2731（販売部）
TEL 03-3556-2735（編集部）
E-Mail pc-books@mynavi.jp（質問用）
URL https://book.mynavi.jp/
装幀　小口翔平＋青山風音（tobufune）
DTP　富宗治
印刷・製本　中央精版印刷株式会社

　ISBN978-4-8399-8295-9

Printed in Japan